中國的亞洲夢

一帶一路 全面解讀

對台灣、全球將帶來什麼威脅和挑戰

CHINA'S ASIAN DREAM

唐米樂——著　林添貴——譯
Tom Miller

目次

CHINA'S ASIAN DREAM

緒論　中國能創造現代的朝貢制度？　005
第一章　一帶一路——財經的新絲綢之路　023
第二章　向西方邁步——中亞的經濟力　051
第三章　熾熱的太陽下——南下湄公河　089

第四章 加州夢幻——中國如何「丟掉」緬甸 117
第五章 珍珠帶——印度洋的恐懼與怨恨 149
第六章 怒海——南中國海 181
結語 214
致謝 223
注釋 225

緒論

中國能創造現代的朝貢制度？

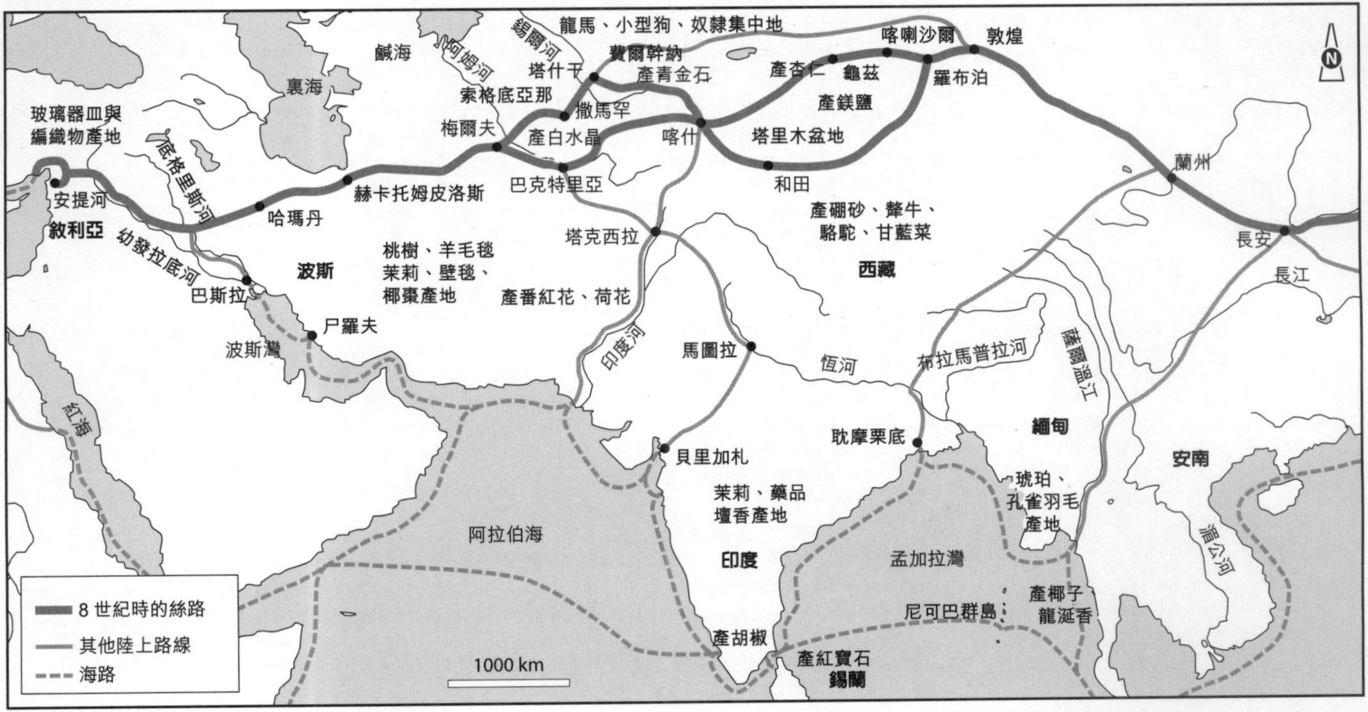

龍馬、小型狗、奴隸集中地
錫爾河
阿姆河
鹹海
裏海
費爾幹納
塔什干
產青金石
索格底亞那
撒馬罕
梅爾夫
產白水晶
喀什
喀喇沙爾
敦煌
產杏仁
龜茲
羅布泊
產鎂鹽
塔里木盆地
和田
玻璃器皿與
編織物產地
底格里斯河
安提河
敘利亞
幼發拉底河
巴斯拉
哈瑪丹
赫卡托姆皮洛斯
巴克特里亞
波斯
桃樹、羊毛毯
茉莉、壁毯、
椰棗產地
塔克西拉
產番紅花、荷花
產硼砂、犛牛、
駱駝、甘藍菜
西藏
蘭州
長安
長江
尸羅夫
波斯灣
紅海
印度河
馬圖拉
恆河
布拉馬普拉河
薩爾溫江
緬甸
安南
耽摩栗底
貝里加札
茉莉、藥品
壇香產地
琥珀、
孔雀羽毛
產地
湄公河
阿拉伯海
印度
孟加拉灣
產椰子
龍涎香
尼可巴群島
產胡椒
產紅寶石
錫蘭
8 世紀時的絲路
其他陸上路線
海路
1000 km

舊絲綢之路

讓我們先從思考實驗開始。[1]

時間設定為二〇五〇年。原本全球最富庶、文明最先進的歐洲，出現衰退的跡象。數以百萬的遊客湧入巴黎和羅馬的博物館，但是現代社會卻逐漸凋零。歐洲科技已經過時，輕易就被中國的創新超越。原本強勁的歐盟經濟正在下沉，人民沉迷於社群媒體和國家施予的福利。伊斯蘭叛徒在倫敦成立邪惡的哈里發王國，當局拚命想要撲滅，但二千萬人已在這場大屠殺中喪生。

再向前快轉一百年。歐洲已經分崩離析，經歷近二十年的戰爭，及遭到原先的盟國美國占領後，已經夷為廢墟。另兩千萬歐洲人喪生。中國朝美國發射核子飛彈，終結戰爭，成為統治霸主。在亞太國家領導的全球秩序下，實質首都在北京，歐洲現在只是個小角色。歐洲新政府誓言要重建抑鬱悶燒的大陸，成為社群主義的烏托邦，可是全球超強的中國，卻敵意深重。「人民歐盟」（People's European Union）蹲踞下來，向全世界關上大門……

這一個非烏托邦的未來，聽起來像是一部恐怖電影的情節，但是讓我們大約了解，中國從一八三九年第一次鴉片戰爭，到中國共產黨一九五〇年代穩固政權這段時期，中國所經歷的情境。中國會國勢衰頹，也是一般人想像不到的事情。

一八〇〇年，中國自認得天獨厚，是全世界最大強國，又有最領先的文明。此情此景，就和一九〇〇年的歐洲睥睨全球一般。依據古老的中國宇宙哲學，中國位居世界中心，「中國」字面意義就是「中心國家」。詩文稱是「天朝帝國」，中國位居三個同心圓的中心部位。第二圈包含殖民地和朝貢國家，如日本、朝鮮和越南，全是中國儒教文明的一部分。蒙昧的第三圈就是外國人（有時逕稱「蠻夷」），這些人還未受中國文明啟發。[2]

中國國力在一八〇〇年之前幾十年達至鼎盛。清朝掃蕩北方及西方一些小國家，納入大帝國版圖。包括西藏、蒙古，和很大一部分中亞，改名為新疆，意即「新的邊疆」。新疆和俄羅斯帝國、東南亞各王國，以及喜馬拉雅山的尼泊爾王國有穩定的關係。周邊國家，從緬甸到朝鮮，都承認中國的霸主地位，向清廷朝貢。這不單是向北京的大皇帝叩頭，這種關係提供相互利益，尤其是貿易方面。

中國自從首次統一以來，歷兩千年仍然完好無損，無人堪與匹比。大清帝國人口三億二千八百萬，比起大英帝國、印度馬拉達帝國（Maratha Empire）、法蘭西帝國、俄羅斯帝國，和鄂圖曼帝國的人口加總起來還要多。[3]中國的經濟歷兩千年也是世界各國難望項背，占世界總產值四分之一以上；[4]比日本經濟大出十倍，比起整個歐洲的經濟規模都大。中國把絲綢、陶瓷和茶葉銷售到遙遠的歐洲，但對歐洲的其他方面毫無興趣。中國毫無疑問是亞洲的領導大國，在廣袤的大片陸地和海洋極具影響力，也主宰著文化秩序。中國的文明規模全球絕無僅有。

可是短短幾十年，中國似乎無可撼動的地位在一連串災難事件中動搖了。頹勢始於一八三九年。道光皇帝試圖廢止有害的鴉片貿易，在廣州港沒收、銷毀兩萬箱印度鴉片之後，英國出動砲艇報復。英國東印度公司調動砲艇攻打廣州，取得決定性的勝利。一八四二年雙方簽訂南京條約，英國強迫滿清政府付出巨額賠償，並要求開放五個新通商口岸，英國臣民在此地享有不受大清皇帝法律管轄的自由。另外，英國也取得香港島。

一八五〇年代中期，英國和其他西方列強要求中國更加開放對外通商，准許鴉片自由買賣及廢除進口關稅。咸豐皇帝廢棄新協定，英、法軍隊北上，駛向天津港。聯軍起先遭到挫敗，但旋即擊敗中國皇家部隊，進軍北京。咸豐皇帝棄城而逃，聯軍大肆劫掠，燒毀咸豐皇帝最珍視的圓明園。其後，西方列強強迫中國開放天津為通商口岸、割讓香港的九龍地區給英國、合法化鴉片貿易，並且賠款給英國和法國。俄羅斯也藉機占領滿清統治者龍興之地，一百萬平方公里的土地。

第二次鴉片戰爭爆發的時機，對於清廷而言，可說是惡劣得無以復加，還得同時對付大清史上最大規模的叛亂。外國軍隊在北方洗劫皇宮之際，太平軍也在南方起兵作亂。領導起義的洪秀全是個宗教狂熱份子，自稱是耶穌基督的弟弟。由於一般漢人認定滿清政府腐敗無能，群相投入叛黨。一八五三年，太平軍攻克華東的南京，宣布以此地為太平天國的「天京」。叛黨占領大塊土地，建立一個殘暴的神權統治政體。一八六四年，清軍收復南京時，死者已逾二千萬人。太平天國之亂，是中國歷史上最慘烈的內戰。

毫無疑問，第二次鴉片戰爭和太平天國之亂，證明朝廷力量大幅消退。朝廷衰竭，為中國現代史最黑暗的一章鋪下道路——中國在一八九五年輸掉中日戰爭（譯注：戰爭始於一八九四年，歲次甲午，中國人稱之為甲午戰爭）。日本過去向中國朝貢，中國一向視日本為廣大的儒教世界的小老弟。一九一一年，大清王朝覆亡，全國陷入軍閥割據亂局。一九二〇年代，國民黨政府短暫統一全國，但旋即與中國共產黨陷入內戰。一九三一年，日本侵略中國嚴寒的東北，建立傀儡政府。全面戰爭於一九三七年爆發，日本皇軍橫掃中國，光是在南京，六週之內就血腥屠殺近三十萬人。大約兩千萬名中國人，在中國稱為抗日戰爭的這場大戰中喪生，死亡人數占了第二次世界大戰全部傷亡人數的四分之一。中方的估計，傷亡人數接近三千五百萬人。[5]

共產黨在一九四九年戰勝蔣介石領導的國民黨，成立中華人民共和國，他們接手的是一窮二白的國家：中國一片破敗。經過一個世紀的殺戮和破壞，他們著手重建，採取中國知識份子於一九一五年即高唱，爾後一直流行的口號：「毋忘國恥」。[6]這個發自肺腑的四字箴言，直到今天仍在各級學校傳授，提醒中國人曾遭受的無可言喻的欺凌。中國絕不能忘記，因為絕不能再次受欺凌和侮辱。中國絕不能忘記，因為國恥之痛必須刺激國家復興。

從建國之父孫中山以來，每個現代中國領導人無不高懸國家復興的目標。中華人民共和國的國歌，尤其清楚呼喚著：

起來！不願做奴隸的人們！
把我們的血肉，築成我們新的長城！
中華民族到了最危險的時刻，
每個人被迫著發出最後的吼聲。
起來！起來！起來！[7]

重點在於中國必須再度站起來，領導人高唱「復興」——恢復失去的往日榮光。中國曾經是全世界最偉大的文明、最偉大的國家，必須再次挺立世界。

不知道中國的「百年國恥」，就無從了解國家主席習近平「中國夢」引起的共鳴。[8]習近平和在他之前的所有現代中國領導人都一樣，承諾實現「中華民族的偉大復興」。但是，在他領導下追求「中國夢」成為指導哲學。首先這是內政願景：如果中國在國內不強大，中國就不會偉大，但也和中國的世界地位緊密結合起來。經過多年的準備工作，中國決心取得現代世界大國地位。

中國鄰國因之大為驚懼，因為「中國夢」必然涉及到強大的軍事力量。[9]習近平在出任中國共產黨總書記之後立刻宣稱，要實現中華民族的偉大復興，「我們必須維持富國強兵之間的連結，努力建設堅強的國防。」[10]追求富強是十九世紀以來，政治領袖和知識份子再三強調的共同目標。這其實就是「富國強兵」的簡稱，這個字詞可以上溯到兩千年前，中華大帝國統一之前的戰國時代。用今天的詞語來講，需要經濟發展來創造富裕國家，才能使中國人及其古文明興盛進取。強大的經濟可以支撐自衛所需的強大軍力，中國才不會受到侵略和占領。

中國共產黨做為中國的首要保護者，也需要軍事力量賦予它正當性。黨的宣傳有系統地挑起國恥的歷史創傷，意在鞏固全民共識支持它建立「富國強兵」。黨所要投射的訊息是，只有它能領導中國恢復偉大。二〇一五年九月，北京舉行盛大閱兵典禮，表面上是紀念抗日戰爭勝利七十週年，其實「支持中共」才是背後真正的邏輯。部隊的遊行方陣和坦克的隆隆車隊，透過電視傳布到全世界，但這是不安全感的跡象，真正有自信的國家，不需要炫耀軍事力量。可是中國領導人需要呈現強大的形象，一則是增強共產黨在國內的統治，再則是恫嚇國外潛在敵人，尤其是美國和日本。[11]

受到深沉的不安全感所激動，又要追求國家光榮，促使中國採取更強硬的外交政策。三十年前，中國共產黨仍可以共產主義意識型態做訴求，支撐它做為執政黨的權威。反之，「中國夢」的民族主義邏輯則要求中國在海外投射力量。即使導致全亞洲戰慄，愛國民族還是渴望勝戰大遊行。中國一位重要的國際關係學者說：「在國內事務上缺乏信心，意味你必須在國外顯得很堅決，才能把國家團結在民族主義四周。但是我不能公開這樣講。」[12]

這突顯中國外交政策出現根本上的改變。一九七八至九二年期間，中國的最高領導人鄧小平曾經勸諭，中國應該在外交事務上保持低姿態，集中精力整頓內部事務。習近平已經放棄此一謙抑的做法。在他正式接掌大位之前，已經出現跡象：他以國家副主席身分訪問華府時，即主張中美建立「新型大國關係」。[13]從胡錦濤手上接下權柄後不久，習近平就宣布中國將在亞洲扮演奮發有為角色。這個聽起來平淡無奇的詞語，實際上即顯示已經揚棄鄧小平的箴言。此後，中國即以「睦鄰外交」為優先，開始制訂具體政策，把經濟實力轉化為區域領導力量。[14]

逐漸地，也有些不穩定地，中國的地緣政治力量慢慢演進到吻合其經濟力量的地步。根據著名的政治學者沈大偉（David Shambaugh）的說法，中國長久以來是個「孤獨的大國」，缺乏親密友人，也沒有盟國。[15]奉行鄧小平的指示，北京不多管其他國家的閒事，依據不干預、不結盟的原則執行外交政策。可是，習近平的「奮發有為」外交政策要求中國與其他國家密切合作。北京不是尋求建立正式同盟的結構，但是習近平宣布他有意「廣交朋友」，在亞洲建立「命運共同體」。[16]北京的目標是透過中國的財力為潤滑劑，創造非正式的同盟網絡。當鄰國經濟上愈來愈依賴它時，中國認為自己的地緣政治影響力將會加強。

習近平的使命是讓中國恢復他所認為的，自然的、應該的歷史地位，意即成為亞洲最大強國。這並不代表中國必須取代美國成為世界唯一超級大國，但中國的確代表亞洲必須主宰自己的後院。經歷過「百年國恥」，只有這個「亞洲夢」可以恢復中國的尊嚴和自尊。[17]對中國而言，這是光榮的前景，而這個遠景對亞洲的未來也具有極大的意義。

亚洲梦[18]

中國的「奮發有為」外交政策要如何運作？首先，必須為貿易及投資輪子上油潤滑。中國在亞洲崛起，建立在一個很簡單的事實基礎上：中國龐大的經濟。依據二〇一五年的統計數字高達十兆九千億美元，超過東亞及東南亞其他經濟體合計的總合。[19]這個強大的引擎，已經至少帶動本區域四分之一個世紀的發展。中國是亞洲大部分國家（幾乎包括所有的鄰近國家），最大的貿易夥伴，這使中國具有極大的經濟影響力。

中國下一個目標是增加區域投資，目前在這方面還不是最強大。譬如，歐盟和日本在東南亞的投資金額，都大於中國的投資。這就是「一帶一路倡議」（One Road, One Belt），或稱「新絲綢之路」（New Silk Road），所想要彌補的缺憾。這個倡議描繪出改善中國與亞洲及其他大陸連結的兩大雄心勃勃的計畫。陸地方面，「絲綢之路經濟帶」構想新的交通基礎設施，及興建跨越中亞、進入中東和歐洲的工業走廊。海上方面，「二十一世紀海上絲綢之路」，將鼓勵投資興建通過南中國海及印度洋的新港口及貿易通路。一帶一路倡議將由財務實力撐腰：中國的兩大政策銀行：中國國家開發銀行，及中國進出口銀行，在亞洲的放貸金額已經超越世界銀行和亞洲開發銀行（Asian Development Bank）的放貸總合。透過財務支援，在亞洲低度開發地區興建公路、鐵路、港口和供電線，一帶一路倡議的目標是要把中國的鄰國拉得更緊，投入北京的經濟懷抱。

這項倡議是習近平的代表性政策，目標要建立他的豐功偉業，北京更以成立新的金融機構全力支援，最著名的即是「亞洲基礎設施投資銀行」（Asian Infrastructure Investment Bank）及「絲路基金」。這並不表示中國排斥全球架構，不過有些人是這麼認為。[20]但是這代表中國希望補強及改造全球架構，中國將利用亞洲基礎設施投資銀行、上海合作組織（Shang-hai Cooperation Organization），和東協加一（ASEAN Plus One）等美國角色很小，甚至沒有參加的多邊組織，推動本身在本區域的議程。事實是，中國已經在華府密切注意下，挑戰在亞洲既有的二戰之後的秩序。（見本書第一章）

中國的基礎設施外交目標，是在改善與鄰國的連結。在中國和哈薩克的邊界上，新疆小城霍爾果斯（Khorgos）正改造為供輸中亞的配銷中心港，新建的鐵路和公路，把新疆自治區首府烏魯木齊和哈薩克最大城市阿拉木圖（Almaty）連結起來，再延伸到伊朗。中國各地城市的鐵路經過哈薩克，連結到歐洲。稍為南邊，中國設計龐大的新市場，要重建喀什市（Kashgar）——古絲路上最繁忙的一個市集——為區域門戶。中國的公司已興建通往鄰國吉爾吉斯和塔吉克的公路，另外也計畫鋪設鐵路穿越喀拉崑崙山脈和帕米爾山脈，進入巴基斯坦、烏茲別克及其他地區。貿易流量和經濟活動尚未趕上興建熱潮，但沒有人懷疑中國的意向。

中亞國家歡迎這些投資，因為能改善運輸連結，又能獲取巨大的礦產財富，尤其能降低對傳統保護人俄羅斯的依賴。中國在過去十年已經取代俄羅斯成為中亞主要經濟勢力，即使俄羅斯保持更深刻的政治和文化根源。俄羅斯總統普丁（Vladimir Putin）和習近平一樣，有志重建國家原有的勢力範圍，他忙著推動的另一項經濟方案，是以重建前蘇聯國家成立關稅同盟為基礎。中國和俄羅斯號稱是戰略夥伴，但是當中國在中亞的影響力日益上升，兩國之間傳統的敵對關係頗有可能重新出現。（見本書第二章）

在東南亞的湄公河經濟體方面，中國最大的對手是日本，日本長期以來即資助本地區興建基礎設施。目前最具雄心壯志的計畫是中國人提出的構想：包括斥資四十億美元，已經完工的一條一千八百公里的鐵路，從雲南省會昆明通到泰國首都曼谷。另外還規劃興建一條三千九百公里的鐵路，從昆明經過寮國、泰國、馬來西亞，直抵新加坡。目前各方對這條鐵路的可行性還存有疑念，但是昆明和寮國之間的交通連結已經相當便利，足可讓中國投資人淹沒寮國。同時，柬埔寨十分依賴北京的金錢援助，以致被譏諷是中國的跟班。寮國和柬埔寨

都有可能成為其鄰國巨人闌尾的風險。（見本書第三章）

回到二〇一〇年，緬甸的情況也差不多。北京與執掌權柄的軍事執政團積極拉攏關係逾二十年，中國把東南亞最隱遁的緬甸視為前進印度洋的橋頭堡（是中國的加利福尼亞），具有極有價值的潛力可以直接進出西側海岸。[21]中國已經從孟加拉灣蓋了各一條石油和天然氣輸送管，通到緬甸邊境城市瑞麗市（Ruili）；瑞麗市也是計畫中的一條由昆明經緬甸，前往印度東部海岸加爾各答的公路之起始站。但是自從緬甸的民主過渡而與西方修睦之後，中國的地位就大為惡化。政治自由化賦予老百姓更大的聲音，可以抗議中國的勢力無所不在，迫使政府延緩一座大型水壩和鐵路線的興建計畫。翁山蘇姬政府如何處理重要的中國問題，將是很有趣的一幕。（見本書第四章）

民粹反彈將是中國企業在海外營運的危險，特別是在威權政府主政的脆弱國家，政府一旦異動，政治風向可能就出現重大變化。繼緬甸之後，斯里蘭卡是最佳例證。中國借出大筆資金給此一位居戰略要衝的島國，直到腐敗的前任總統於二〇一五年被推翻下台為止。新政府承諾要檢討若干可疑的中國計畫，也承諾重新談判過去政府扈從從中上下其手的貸款之利率。但是斯里蘭卡對中國資金的依賴太高，要掙脫中國的經濟掌控洵非易事。

中國在整個印度洋地區都在利用其經濟資源爭取戰略目標。中國的工程公司已經在緬甸、斯里蘭卡和巴基斯坦興建港口，可對中國軍艦和潛艇提供重大支援。中國已承諾出資四百六十億美元資助一條貫穿巴基斯坦的「經濟走廊」，把阿拉伯海濱的瓜達爾港（Gwadar）和中國大西北沙漠地帶串連起來。很快的，中國也將啟用在非洲之角吉布地（Djibouti）所租用的第一座海外軍事基地，計畫在當地派駐數千名部隊。印度軍事分析家認為，中國刻意在印度洋編織一條「珍珠鏈」——不過箇中有些恐懼恐怕是言過其實。（見本書第五章）

中國勢力伸進印度洋，在印度引起關切，不知其經濟力量多快會轉變成軍事力量。中國領導人堅持不是有擴張野心的大國，但這是對歷史高度選擇性的解讀：帝制中國從漢人沿著黃河的本土向外擴張版圖。甚且，自從一九四九年建政以來，中華人民共和國即占領西藏、殖民新疆。但是也沒錯，中國此後都嚴守自己的邊界線，縱使曾經小規模地入侵越南和印度據守的領域。

最大的警訊是，中國近來在東海及南海的行為。中國蠻橫無理地主張，對遠超過其陸地邊界的廣大領域擁有主權，此舉遭到鄰國，尤其是日本、越南和菲律賓又怒又懼的駁斥。中國拋棄了在東南亞營造正面形象的長期努力，證明自己一再宣傳的「雙贏」外交的空洞。中國在南海的主權聲索，遠超過其他聲索國家的要求，展現北京政府現在已有充分自信在其邊境耀武揚威。中國決心建立強大軍事力量，正使本地區趨向軍事化，美國也被捲入其中。爆發戰爭的可能性仍然不大，但是中國的行為增強長久以來的怨恨，甚至把越南推進美國的懷抱。（見本書第六章）

亞洲夢

中國堅決主張領土主權，其實涉及到兩件事：一是自我保衛，一是國家光榮。有能力保衛自己，打造自己的命運，是「中國夢」的核心。不論你喜愛他或痛恨他，習近平很堅定，中國絕對不再是任人欺負的國家。他以二〇四九年為目標年，也就是中華人民共和國建政百年，要實現民族復興的大夢。習近平說，到了二十一世紀中葉，中國必須在國內外都達到「富強」。[22]而做為一個大國，中國必須積極參與全球事務，協助訂定國際規則。

北京宣稱沒有帝國野心。習近平在二〇一五年的北京抗戰勝利閱兵典禮上宣布，「中國絕不會把過去的痛苦加諸在其他任何國家身上。中國人民決心與其他所有國家追求友好關係。」[23]可是，「中國夢」本身就是建立一個亞洲帝國的大夢。我不是說中國有野心征服外國土地。除了動盪不安的南海，沒有太多證據指向中國有軍事意圖擴張領土。我指的是，民族復興之夢要求中國恢復所失去的東西，也就是要恢復身為亞洲主宰大國的歷史地位。中國的新「帝國」將是非正式，且大體上經濟性質的帝國，以金錢為依據，並以硬體基礎設施團結在一起。

重建以中國為中心的秩序，是中國許多民族主義者共同的大夢。人民解放軍退役上校劉明福寫一本書《中國夢》，以充滿民族主義的激情描述傳統的朝貢制度如何運作：

在東亞朝貢體系裡，中國高高在上，許多鄰國是藩屬國家，維持朝貢和領賞的關係。這是一種特殊的區域關係，以此保持友好關係、互相協助。古中國政治、經濟和文化的優勢，饒富吸引力和影響力，周圍小國自然投入中國四周的軌道。[24]

這些昔日藩屬國家的歷史學者則指出，中華帝國可沒有劉明福，以及其他主張中國新帝國主義的人所講的那麼善良。但是對中華帝國昔日歷史的這種美麗解釋，讓我們看清中國政府今天的「雙贏」外交。本質上，中國經濟外交的目標是創造一個現代的朝貢制度，條條道路都通往北京。

中國的鄰國應該多麼擔心呢？中國周邊國家面臨的挑戰，是如何在和中國投資、貿易往來當中，得到最大的經濟利益，又能不失去政治和經濟主權。這是非常困難的平衡動作。本地區所有的國家都安排避險策略，確保本身不會淪為中國的附庸國家。譬如緬甸和越南，近年來已向美國靠近。甚且，所有國家都受惠於保護主權和尊重領土神聖的國際體系。縱使如此，在中國周邊最弱小的國家要保持真正獨立都很困難，仍需掙扎奮鬥。

中國的經濟外交在小國家最有效，影響力更大。這些低度開發，且經常脆弱的國家是本書的焦點。反之，已開發經濟體比較少有畏懼：日本和南韓本身就是強大國家，根本不需要中國人來興建及資助基礎設施，在基礎設施外交的競賽中，已開發經濟體就是競爭者。日、韓兩國都是美國同盟系統的堅定成員，這一點就顯示中國的地位多麼脆弱。雖然北京以美酒珍饈款待這些拙劣的獨裁者，華府還是端坐在有史以來最強大的朝貢體系的巔峰。

中國固然又大、又可怕，尤其讓鄰國忌憚，但美國繼續在亞洲維持駐軍，是中國為什麼拚命要力爭區域霸權最重大的單一原因。北京否認追求霸權，認為這是邪惡的外國人才玩的殖民主義把戲。但是我們不必是現實主義者，就能理解中國為什麼渴望在其本身地域獨霸，這就和美國十九世紀力求主宰西半球如出一轍。[25]中國的問題是，儘管高唱建立「命運共同體」，但很難說服鄰國，放棄擁立美國為盟主的秩序，改奉中國為老大，會是一筆好買賣。只要中國的經濟大車繼續向前滾動——現在已經不像以前那樣肯定無疑——中國的區域重要性將繼續深化。但是習近平的亞洲帝國大夢，恐怕還是不可企及的大夢。

| 第一章 |

一帶一路

財經的新絲綢之路

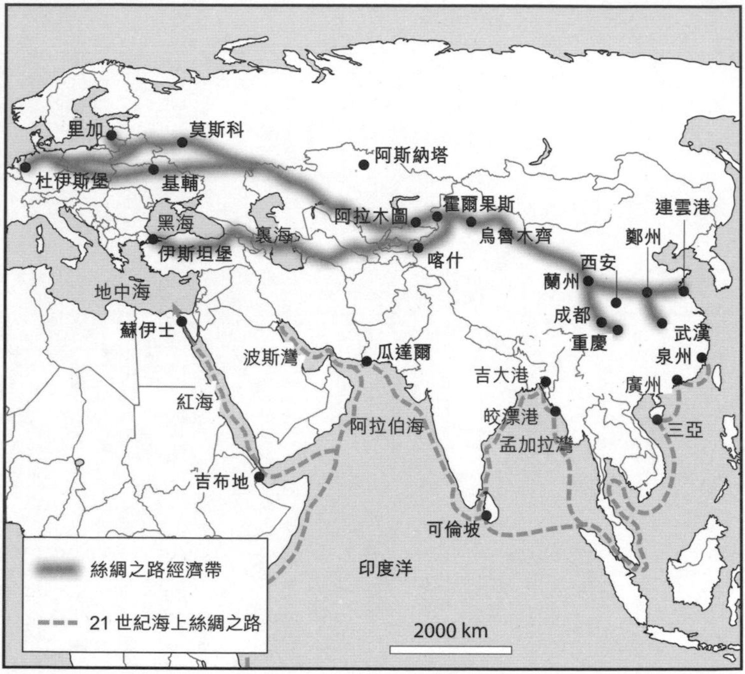
里加
莫斯科
阿斯納塔
杜伊斯堡
基輔
阿拉木圖
霍爾果斯
烏魯木齊
連雲港
黑海
裏海
伊斯坦堡
喀什
鄭州
西安
蘭州
地中海
成都
重慶
武漢
蘇伊士
波斯灣
瓜達爾
泉州
吉大港
廣州
紅海
皎漂港
阿拉伯海
三亞
孟加拉灣
吉布地
可倫坡
印度洋
絲綢之路經濟帶
21 世紀海上絲綢之路
2000 km

新絲綢之路（一帶一路）

二〇一四年十一月，北京一向霧霾嚴重的天空變成明亮、蔚藍。之所以會出現藍天，是因為北京正要舉辦二〇〇一年以來在中國再次舉行的亞太經濟合作會議（APEC）論壇。美國總統歐巴馬、日本首相安倍晉三等二十位世界領袖將蒞臨北京，政府決定端出最棒的一面接待貴賓。工廠奉命停工，店鋪、學校和商家放假，汽車不准上路，居民最好出城。農民奉命不要點熱傳統的坑床，違者抓去坐牢。[1]貴賓一離開，鋼鐵廠重新開工，天空又恢復一向的灰濛濛。北京市民編出一個字詞「APEC藍」，諷刺這個一瞬即逝的現象——天底下哪有這回事。

在北京，亞太經濟合作會議論壇是二〇〇八年奧運以來最重要的國際盛會，也是習近平主席主持的第一次外國領袖會議。如果說，北京奧運是中國向全世界展現已是現代全球大國的機會，亞太經濟合作會議論壇就是習近平主席展現中國終於將開始扮演全球大國角色的機會。他並未失望，輕鬆投射出國際政治家的風度，很有自信地與歐巴馬總統交涉。最重要的是，他利用這個論壇替中國宣布宏大的地緣戰略野心，揭露計畫在未來十年提升海外投資到一兆二千五百億美元的規模。他把中國擺到亞洲外交的中心，提出契合其政府外交政策的新倡議——打造「新絲綢之路」。

成立於一九八九年的亞太經合會議，原本應該帶領貿易和區域經濟整合，卻經常淪於放言高論的場合。習近平提出宏偉的「亞太自由貿易區」（Free Trade Area for APEC）概念，企圖替論壇注入迫切需要的新活力——性質上是針對美國推動的「跨太平洋夥伴關係」（Trans Pacific Partnership, TPP，中國不是成員）更兼容並包的新版本合作計畫。他也說服與會各國領袖通過一份嶄新的「亞太經合會議連結藍圖，二〇一五至二〇二五年」（APEC Connectivity Blueprint 2015-2025），涉及在亞洲及太平洋邊緣興建新公路、鐵路和航運路線。習近平把這些構想做為宏觀未來的願景之一部分提出。他對出席論壇的一千五百名企業界代表宣示：「我們區域的發展前景繫於今天我們所做的決定和行動，我們有責任為我們人民創造及實現亞太夢。」[2]

習近平之前的中國領導人沒有人有這種魄力，談論在中國隱性領導下的「亞太夢」。中國傳統上，在高度外交的世界是個消極角色，寧願躲在「不干預」其他國家事務的口號背後，不去參與世界大事。但是在習近平領導下，中國準備到國外扮演更積極的角色，預備以巨大的經濟援助支持其外交作為。就在亞太經合會議之前兩星期，中國舉行「亞洲基礎設施投資銀行」（簡稱亞投行）發起典禮，二十一個國家同意成為第一個由中國人倡導的多邊開發貸款機構的發起人。而在亞太經合會議上，習近平宣布成立四百億美元的「絲路基金」，專門資助新絲綢之路沿線的項目。

成立亞投行和絲路基金，是中國深化亞洲戰略野心的證據。它在二〇一三年首次現出跡象，新任外交部長王毅宣布，外交政策的重心將轉回到中國後院。中國將尋求在鄰國之間建立「命運共同體」——不僅包括以巨幅經費投資基礎設施以支持擴大經濟整合，也要共同保衛國家利益的一個願景。[3]中國的目標是以經濟誘因與鄰國建立更緊密關係，把它們更緊地團抱在一起。換取幫這些鄰國興建公路和電力線路，中國期待夥伴國家尊重其「核心利益」，包括對南海的領土主權之聲索。這就是北京所謂的「雙贏」外交。

轉向更堅決的外交政策，代表從根本上捨棄過去的做法。一九七八年展開「改革開放」以來，中國的外交政策奉行「鄧小平理論」，即外交必須為國內發展此一更大目標服務。基本上可以歸納為，透過吸引外人投資、促進穩定的外貿環境，支援中國出口增長。鄧小平在一九九〇年代初期定下著名的箴言，力促中國領導人「冷靜觀察、穩住陣腳、沉著應付、韜光養晦、善於守拙、決不當頭、有所作為」。[4]中國人把這個策略簡稱為「韜光養晦」。

習近平重新啟動外交政策之前，中國大體上滿足於站在國際政治場域邊上。中國領導人要求國際展現對北京尊重，稍覺不受尊重，就會指控別人「傷害中國人民感情」；但他們很罕於要出頭當老大。[5]他們專心經濟外交，力爭貿易協定，支持國有工程及資源公司到海外擴展。他們對東南亞國家協會（東協）最積極拉攏，希望緩和鄰國深怕中國對其構成競爭威脅的感受。他們努力表現中國是個負責任的經濟大國的模樣：一九九七年亞洲金融危機期間維持人民幣不貶值的決定，有助於區域穩定；另外在二〇〇八年全球金融崩潰下，中國提供數十億美元的融資給東南亞國家。

然而，經濟力量帶來地緣政治的影響力。中國外交政策策略家長久以來即辯論，強大的中國要如何在全球舞台上表現自我。[6]二〇〇四年，中國領導人一度短暫提起「和平崛起」，試圖掩蓋中國復興的事實，同時又向世界保證，中國仍然是一個善良的大國。當外國人覺得「和平崛起」太有挑釁意味，他們改用聽來比較溫和的名詞「和平發展」。全球金融危機之後，美國和歐洲經濟體疲態畢露，主張更堅強外交政策的聲音升高。可是經過一陣搖擺之後，胡錦濤政府正式遵守鄧小平「韜光養晦」的指示。二〇一一年，北京政府發表「和平發展白皮書」，重申「中國外交的中心目標是創造和平、穩定的國際環境以利發展」。[7]

二〇一二至一三年的領導人移交之後，外交政策的舊信條開始鬆散。二〇一三年十月，習近平以總書記身分主持專門討論區域外交的中央工作會議，發表題目為〈讓命運共同體意識在周邊國家落地生根〉的講話。[8]他遵循鄧小平路線，表示外交關係必須「為中國的改革、開放和穩定，取得良好的外在環境」，但是也說，中國必須在亞洲培養「共同命運」意識。他暗示摒棄鄧小平韜光養晦的建議，宣布中國在亞洲區域外交應該「奮發有為」。這個字詞，英文通常譯成「enthusiastic」，但是我個人認為「proactive」更好。外交部長王毅二〇一四年三月初次在全國人民代表大會舉行記者會時，也採用同樣的詞語形容中國外交政策的整體方向。[9]

同年十一月，即亞太經合會議過後兩星期，習近平主持罕有的外事工作中央工作會議。這是二〇〇六年以來首次類似的高層會議，當時比較拘謹的國家主席胡錦濤提出中國要在「和諧世界」取得地位。習近平則提出比較強硬的觀點。他說，中國應該推動「大國外交」，並鞏固在亞洲的領導地位。他重彈過去領導人的調子，表示友善的外在安全環境給予中國「戰略機遇期」，可以集中力量專注內部發展至二〇二〇年。但是他也首次暗示，維護有利的環境不靠運氣，要靠中國本身的外交努力。最後，他明白地把中國的大國崛起，聯繫到民族復興的「中國夢」。[10]

解讀中國在習近平領導下迅速演變的外交，是一件很複雜的難事：微笑經常會變成咆哮，尤其是在東南亞地區。但是他兩次召開中央工作會議發表的講話，給我們一個基準線著手了解。在「中國夢」的大旗下，習近平追求新的強悍的外交政策，以中國在亞洲獨領經濟風騷為最高優先。同時，他追求與美國發展「新型大國關係」，要求中國被平等對待。這些野心在全球體制上產生影響。中共中央政治局二〇一四年十二月為發展「亞太自由貿易區」召開研究會議，習近平說，北京應該「帶頭參與，讓中國的聲音被聽見，並將中國元素注進國際規則」。[11]中國長久以來即追求「多極」世界，但是習近平是至少兩代以來的第一個中國領導人，試圖促成實現。

這個野心得到一路成長的經濟力量支撐。中國的經濟增長雖已減速，但即使百分之五的年增率，也使每年的國內生產毛額增加約等於阿根廷這樣一個中型經濟體，每年的國內生產毛額的規模。中國已經占亞洲整體國內生產毛額的近一半，目前是本區域最大的貿易夥伴，並且挑戰日本要成為在東南亞的最大投資國。北京相信自己的財金資源和工程實力將是無從抗拒，尤其是在缺乏能力自己出資、興建基礎設施的國家。祭出一帶一路倡議，北京實質上是對其鄰國掛出巨大的經濟胡蘿蔔。中國領導人判斷，很少國家能不咬這根胡蘿蔔，尤其是無法提供基本服務給予人民的弱國，更是無從抗拒。

可是中國想要說服其鄰國，擁護奉北京為中心的區域新秩序，需要費一番勁，正因為這些國家忌憚中國巨大的經濟力量，卻沒有人想成為中國的藩屬國家。北京追求的「命運共同體」，被整個區域視為威脅而非機會，尤其是中國在南海的作為，令人疑懼。很少人會懷疑，中國外交官一再強調的宣傳：中國的「雙贏」外交，其實是以服務中國利益為第一優先。即使是與中國友好的國家，也普遍害怕經濟上過分依賴中國。和亞太經合會議各國代表在北京享有的蔚藍天空一樣，中國有關共同繁榮的甜言蜜語恐怕當不了真。

一帶一路倡議

習近平「奮發有為」外交政策的中心部分是一帶一路倡議。從南中國迤邐、跨越歐亞大陸，堪稱是最宏偉的開發計畫。從古代由中國，經中亞，至歐洲的絲路得到靈感，中國構想在地球上若干最荒野的地形興建公路、鐵路和工業走廊，把它們和在亞洲、非洲、中東和歐洲改善過的港口貫串起來。北京說，這個倡議將拆除投資障礙、創造新的貿易路線、改善國際物流，並深化區域金融整合。中國甚至大言不慚，聲稱將促進「世界和平」。[12]

這個倡議出現好幾個不同名稱，令人眼花撩亂。習近平最先在二〇一三年九月，於哈薩克演講時提議興建一條「絲綢之路經濟帶」：穿越中亞及中東，通往歐洲的陸上幹道。[13]一個月之後，他在印尼國會發表演講，又提議創造一條「二十一世紀海上絲綢之路」：穿越南中國海和印度洋的海路網。[14]這套計畫起先稱為「新絲綢之路」，後來通稱「一帶一路」。經過一番內部討論，現在官方正式命名為「一帶一路倡議」，英譯為「Belt and Road Initiative」。北京堅持不應稱為「計畫」或「戰略」，以免被解讀為想要建立龐大的經濟帝國之謀略。中國刻意聲稱此一倡議不是獨家所有，而是「互信、平等、兼容並包、互相學習的雙贏合作」。不過，一帶一路倡議道道地地是中國的項目。[15]

北京宣稱這個倡議將經過六十七個國家，中國媒體也發布若干地圖，刻意顯示所經過的路線。事實上，並沒有清楚界定的一帶或一路：只要能找到有意願的夥伴，中國企業將協助鋪設新公路和鐵軌，把它們連結到新港口。有些路線，如從中國經哈薩克和俄羅斯通往歐洲的鐵路，原本已經存在；有些還在繪圖桌上，或許根本不會踏出構思階段。譬如，絲綢之路經濟帶擬想中的一條南線，要穿過伊朗和土耳其，但是否會穿過吉爾吉斯，是否會穿過伊拉克和敘利亞這兩個戰亂國家，都還在未定之天。和古代絲路相似，一帶一路形成的貿易路線網，將受到地理、商業和地緣政治等相互競爭因素的影響。

這項倡議是因為若干廣泛目標的考量所啟動。首先，一帶一路倡議的目標是保護國家安全。中國希望創造一個經濟依存網絡，可以鞏固在本區域的領導地位，使自己可以對抗美國在亞洲的同盟結構，並且多角化能源供應。北京在亞洲沒有幾個友邦，但是若是鄰國知所回報，中國會認真援助它們。這和過去政策大異其趣；過去北京除了和北朝鮮及緬甸等流氓國家之外，並不努力開發親密外交關係。

同樣重要的是經濟動機。北京最大的希望是，國有的商品生產公司、工程營建公司和資本財製造公司，能找到獲利豐厚的新的成長源頭。一帶一路倡議需要數十億噸的鋼筋、水泥、數十萬的工人、數千具起重機和挖土機，以及數十座新水壩、發電廠和電力站。北京把這項倡議視為國內需求疲弱、債台高築的企業的救生圈，設法輸出過剩的產能。江澤民於一九九九年發動「走出去」政策以來，這是中國第二次大規模推動海外投資。當時「走出去」的目標是，讓中國國有企業取得海外能源和礦產資源。現在的政策則更廣泛、更有野心，也包括一個重要的國內因素：北京盤算的是，改善交通連結可以幫助其低度開發的邊境地區，成為有活力的貿易區。

這裡頭也有金融面的考量。二〇一五年三月，北京發表一份政策文件，標題是〈共同興建絲綢之路經濟帶和二十一世紀海上絲綢之路的前瞻及行動〉。[16]除了列出在海、陸兩方面改進交通連結，建立新貿易通路之外，並呼籲擴大金融合作和整合跨國市場，也提議多使用人民幣為貿易清算工具。這可以照顧到促進人民幣成為國際貨幣的長期野心，使人民幣和美元、歐元具有相等地位。此外，即使二〇一五年出現大量外流現象，中國外匯存底在二〇一六年仍然超過三兆美元，北京希望替巨額外匯存底培養另一條投資管道。投資美國國庫券，殖利率太低；融資給外國基礎設施項目利息有百分之五到六，划算多了，尤其是這有利於中國出口商和工程營建公司。

雖然太浮泛和含糊，稱不上是可運行的路徑圖，但這份一路一帶政策文件是北京對此一倡議最完整的陳述。基本上，一帶一路倡議描繪出戰略前瞻，把中國轉化為全球經濟發展的首要引擎，其基本認識是：把各國結合起更緊密的貿易及投資關係，最有利於中國的安全利益。文件以相當謹慎的外交詞令表示，「中國承諾將在能力範圍內肩負更大責任與義務」，強調一帶一路倡議的主要目標是促成「共同發展」和「共同繁榮」。[17]中國最高階的外交官員楊潔篪，在文件發布之日告訴東南亞國家，這項倡議「絕不是任何國家追求地緣政治優勢的工具」。[18]但不只是在非洲，北京政府經歷在全球一連串外交挫敗後，痛苦地體認到國際上並不信任中國。

然而在國內，一帶一路倡議的說法就大不相同。領導人繼續重申，中國必須在世界各地扮演吻合經濟力量的角色，中國將不再被人欺負。毫無疑問，習近平把一帶一路視為實現民族復興戰略目標：「中國夢」的實際步驟，因此可以建立自己的政治功勛。據說，他把中國的改革進程分為三個時期，每一時期約三十年。第一時期始於一九四九年共和國建立，經歷外國羞辱之後，毛澤東鞏固中國共產黨的權力，強化中國。第二時期始於一九七八年的改革開放，鄧小平讓中國走上成為經濟大國的道路。到了第三時期，即習近平本人在二〇一二年登上中共總書記大位開始，中國終於將取得身為世界大國應有的地位。胡錦濤和江澤民只不過是歷史的註腳。[19]

習近平把一帶一路倡議攬到自己身上，即使背後的大部分思維並非原創。華府智庫戰略暨國際研究中心，「費和中國研究講座」主任張克斯（Christopher Johnson）說：「和希臘神話說雅典娜從宙斯腦袋裡出現不一樣，不應該認為是習近平及其親信顧問的腦力結晶。」[20] 亞洲開發銀行數十年來即一直在亞洲各國提供融資增進連結。譬如，在習近平上台之前許久，中國和歐洲之間的「歐亞陸橋」（Eurasian land bridge）工程即已動工。但是習近平巧妙地把一些既有的，或計畫的項目包裝在一起，成為「中國夢」的大論述，使一帶一路成為他在地緣政治上推動於亞洲建立，以中國為中心的秩序的重要成分。

亞洲基礎設施投資銀行

中國的野心建立在經濟力量，最強大的象徵就是與一帶一路倡議息息相關的亞洲基礎設施投資銀行。事實上，習近平在二〇一三年十月於雅加達的同一演講，最先提議中國成立自己的多邊開發銀行，當時他宣布計畫興建「海上絲綢之路」。亞投行能夠快速成功，讓人人都感到驚訝，也出乎北京意料之外：短短十八個月內，五十七個國家同意成為新銀行的發起人。這些國家包括亞洲絕大多數國家，以及許多歐洲國家，甚至與中國關係不睦的菲律賓和越南也表示共襄盛舉。亞投行協議條款於二〇一五年十二月三十一日生效時，只有美國和日本兩個主要國家不在其列。[21]

亞洲開發銀行官員很緊張，起先稱為「中國的銀行」。亞投行恐怕也比歷史上任何區域性開發融資機構，引起更多的頭條新聞報導。[22]這一點，北京恐怕要感謝華府：如果不是美國愚蠢地嘗試勸阻其盟國加入，全世界也不會那麼注意。美國官員今天聲稱，他們從來沒有遊說盟國反對亞投行，但是這個說法不誠實。美國的立場很清楚，澳洲、南韓和印尼等國家不願拂逆美國。但是當英國出乎各方意料宣布要參加時，除了澳洲、南韓和印尼之外，其他許多國家紛紛加入，歐洲另三大經濟體也相繼加入。即使中國的地緣政治對手印度，認為排斥送上門的大禮未免太傻。

亞投行的創立，反映出中國的戰術改變。過去三十年，中國加入絕大多數大型國際組織，偶爾也發現挺有用的，但是中國通常喜歡藉由比較能發揮作用的雙邊談判，運用其經濟力量。中國願意在亞洲各地資助及興建基礎設施，意在爭取朋友。但這些努力經常產生反效果，在地人痛恨中國工人出現，或是為自己的經濟生計擔心。雙邊主義也有局限，因為小國家不希望被貶抑成中國的扈從。因此北京學會在世界銀行或亞洲開發銀行等多邊組織內，扮演比較不莽撞的角色是有利的。[23]

中國的大問題在於，必須很費力爭取原由美國支持的機構，從中得到足夠的影響力，並為其所用。中國在世界銀行體系下負責「非優惠利率財政援助」（non-concessional loans）的國際復興暨開發銀行（International Bank for Reconstruction and Development），只有百分之五的投票權。美國的投票權為百分之十五；百分之四十五的投票權掌握在美國、日本和歐洲國家手中。直到二〇一五年十二月，中國在國際貨幣基金的投票權更小，只有百分之三點八；國際貨幣基金在二〇一〇年同意提升到百分之六，但是美國國會共和黨人從中作梗。即使依照新制度，美國的占比仍有百分之十六點五，反映出美國在全球經濟體系中的霸主地位。最後，在亞洲開發銀行中，日本和美國捐助百分之三十一的股本資金，控制百分之二十六的投票權。多年來，中國推動在亞洲開發銀行董事會有更大的代表權，並增加其百分之五的持股，但是遭到美國和日本的阻擋。

二〇一三年，北京的耐心終於消磨殆盡：不再白費力氣尋求增加在既有機構中的代表權，轉而成立自己的機構。中國先效法對手的做法：日本在一九六六年成立亞洲開發銀行（簡稱亞銀），以促進本身的區域利益，起先貸款給貿易夥伴進行基礎設施建設。今天的亞洲開發銀行強調降低貧窮，不過還是日本資金進入亞洲的有用管道，尤其是安倍晉三首相鼓勵日本公司到別的地方投資，為在中國投資採取避險措施。中國表示亞投行不會干預亞銀的工作，亞洲開發銀行日籍總裁中尾武彥（Takehiko Nakao）公開歡迎亞投行。[24]畢竟亞洲對基礎設施的需求極大，有相當大空間容許其他金融機構發揮。但是私底下亞銀官員擔心亞投行會降低標準，和它角逐同一項目，因而威脅亞銀位居「亞洲的銀行」的角色。

華府則看到更大的威脅，擔心中國正在試圖提供另外選擇，企圖取代以布瑞登森林體系（Bretton Woods institution）為基礎，由美國主導的全球開發金融體系，因而改造亞洲的經濟結構。這遠超過偏執的地步，因為亞投行是特別規劃來做為中國經濟外交的武器。一帶一路倡議的發起文書清楚表明，亞投行將用為政府支持的管道。[25]可想而知，華府把亞投行視為亞銀的潛在競爭者，非常關心它是否會遵守良好治理、負責任放貸和環境保護。但是美國企圖破壞可以改善亞洲生活水平的此一機構，可謂小心眼、又短視。精明的外交，不應該試圖說服其友邦不要參加他不信任的機構，應該是歡迎他們有能力從機構內部影響它。[26]

可是華府有一點是正確的：亞投行是北京企圖矯正布瑞登森林體系不平等的一部分

對策。二〇一五年六月簽署典禮時，中國財政部長樓繼偉說，亞投行代表「中國履行其日益重大的國際責任，以及增進、補強既有國際秩序的一個重要動作」。[27]次月，巴西、俄羅斯、印度、中國和南非等五個金磚國家，成立全球性的開發銀行「新開發銀行」（New Development Bank，譯注：通稱「金磚國家開發銀行」或「金磚銀行」）宗旨是在所有新興經濟體，「動員資源興建基礎設施及可永續發展的項目」。[28]新開發銀行總部設在上海，被稱是亞投行的姊妹機構。兩家銀行的營業範圍與亞銀及世銀相同。

因此不足為奇，美國政府內部人士認為中國試圖取代既有的全球經濟結構。可是這個觀點過度高估中國建造經濟體制的影響力。中國並不是尋求建設取代美國支持的開發金融體制，中國只是企圖改造和增強。亞投行　文儒雅的行長金立群，說得一口流利英文，本身曾任亞洲開發銀行副總裁。他很認真向存有疑慮的人士保證，亞投行不會推翻多邊開發的金融。他說，亞投行將「瘦身、乾淨和綠色」，意即有效率、不容許貪腐和對環境友善。[29]亞投行官網保證，將建立「堅強的治理、問責、財務採購、環境及社會架構之政策」。[30]亞投行很積極地招聘國際顧問，包括高階的西方外交官和世界銀行的資深人員，幫亞投行達成這些目標。

亞投行能夠吸引這麼多股東，代表中國對它的控制是有限的。但中國投入二百九十八億美元股本，是亞投行最大股東，當然會發揮強大的領導。此外，亞投行掌握百分之二十六的投票權，等於賦予實質的否決權，因為要做重大決定需有四分之三以上「超級多數」支持才能過關。但是由於還有三十個經濟體預備參加（香港排名居首），這一份投票權幾乎肯定會下降。有這麼多國家參與，又與其業績表現息息相關，亞投行勢必需要遵守國際放貸標準。

確保亞投行管理良善也吻合北京的長期利益。亞投行曉得要提升中國的影響力，需要展現友好、更多邊的面貌。亞投行最早的做法就是展現合作姿態：最早的四個項目有三個是額外投注資金進到世界銀行、亞洲開發銀行和歐洲復興開發銀行業已安排的項目。中國財政部長樓繼偉在二〇一六年六月亞投行第一屆年會上告訴與會人士，亞投行「將補強我們多邊開發銀行夥伴的作為」。[31] 北京沒有最大化本身企業得標的美元價值，反而選擇把亞投行變成真正多邊組織，來最大化中國的全球聲望。[32]

總之，亞投行只是中國金融武器庫中的小武器。[33] 功能之一是支持一帶一路沿線的項目；但是亞投行計畫在營運的頭五年，每年只貸放不逾二十億美元，比起其他多邊開發銀行的放貸金額小得太多，和中國巨型政策銀行經常放貸的巨額放款相比，也是微不足道。亞投行法定資本額一千億美元，但實收周轉資本額更小。在多邊開發銀行，法定資本幾乎一向都超過周轉資本，主要是讓信用評等機構及債券購買人放心，認為有充分的後盾現金。這使得開發銀行雖然獲利很低，卻可以很低的利率借到巨額金錢。

到了二〇二〇年，亞投行將有大約二百億美元的可用淨值，這個數字與亞銀相當。既有的開發銀行，如世界銀行、亞洲開發銀行、美洲開發銀行（Inter-American Development Bank）和非洲開發銀行（African Development Bank），二〇一四年支付出去的金額約等於其淨值的百分之四、五十。更新成立的「安底斯開發公司暨拉丁美洲開發銀行」（CAF-Development Bank of Latin America），性質與亞投行有幾分相似，支付的數字高達百分之七十。如果亞投行和新開發銀行支付金額達到其淨值的百分之四十五至七十之間，它們合計在二〇二〇年代初期每年可放貸到一百五十億至二百億美元之間，約當於世界銀行非優惠利率財政援助部門在二〇一四年放貸的數字，也是亞銀數字的二至三倍。假設從現在到那個時候，其他所有多邊開發銀行每年支付升高百分之十，這兩家中國支持的新銀行占多邊開發機構非優惠開發放款的比重，可達到四分之一左右。數字很大，但還談不上驚天動地。

其他資金會來自「絲路基金」，它的資金大部分來自中國的外匯存底。這是一個民間的基金，專門成立來提供穩定資金給一帶一路項目。但是也和亞投行一樣，絲路基金的法定資本額四百億美元，實收資本額一百億美元，兩者差距甚大。即使絲路基金在二〇二〇年以前把所有的資金全部投資出去，也只有每年二十億美元的規模。更大的一個可能財源是中國的商業銀行。中國銀行已表示在二〇一六至一八年將放貸一千億美元給一帶一路項目，中信銀行也承諾，在沒有講明的一段期間內貸出一千一百三十億美元。但是對這些承諾應該要存疑，因為精明的主管為了討好政治主子，貸款給在海外投資的公司，全貼上是「一帶一路」

項目的標籤。

支持中國在海外雄心壯志的真正財源將來自大型的政策銀行——中國國家開發銀行及中國進出口銀行。中國國家開發銀行原本的使命是支持國內的基礎設施，但是二〇〇八年以來，也出資力挺國有企業到海外購取資源。除了融資支援中國在非洲各地項目之外，也幫助中國與委內瑞拉、俄羅斯和巴西的國對國石油買賣。中國國家開發銀行的國際貸款在二〇〇七年接近於零，到了二〇一三年已達到一千八百七十億美元，不過淨放款在二〇一四年稍為降落。[34] 中國媒體報導說，中國國家開發銀行奉指示要集中力量於國內開發，我們很難確知有多少金錢可支援在外國的活動，但是每年平均國際放貸淨額在二〇〇八至一四年間，超過任何一家多邊開發銀行。

再來就是經濟外交真正的巨獸：中國進出口銀行。中國進出口銀行傳統上供應貿易融資，以促進進出口業務，可是自二〇一〇年以來，已成為在海外主要的金融機構。二〇一四年，支付一千五百一十億美元，相當於孟加拉全國的國內生產毛額。中國進出口銀行的帳目相當不透明，但是二〇一四年非貿易相關的付出總額達到八百億美元，超過七大多邊開發銀行合計起來的放貸總額。有些款項是花在中國境內，做為放款貸給工程營造公司和材料公司到海外販售商品及服務，但中國進出口銀行可能高居全球海外開發金融機構排行榜第一名。中國進出口銀行對中國國際開發計畫（包括一帶一路倡議）的貢獻，可能已經超過亞投行及新開發銀行，即使是自今年起十年內可能的貢獻。

總之，中國的金融實力其實在於政策銀行，它們不會在多邊基礎上運作，而樂意支援多邊開發銀行不會碰的項目，譬如燒煤的火力發電廠。但是中國領導的亞投行和新開發銀行，規模相當中庸，否定了美國所擔憂的中國正在建立有可信度的替代機構，想取代布瑞登森林體系的想法。最重要的一點是，中國有充沛的資金可支持基礎設施外交，即使亞投行只是個小角色。

亞洲的基礎設施軍備競賽

儘管擔心經濟上過分依賴中國，以及中國勢力範圍擴大，亞洲國家一般都歡迎中國要投資在它們十分需要的基礎設施上的承諾。已開發的亞洲國家具有某些全世界最佳的基礎設施，但窮國家卻有一些最爛的基礎設施。根據世界經濟論壇（World Economic Forum）的調查，寮國、柬埔寨、蒙古、吉爾吉斯、巴基斯坦、塔吉克、孟加拉、尼泊爾、東帝汶和緬甸的基礎設施品質，在全球名列倒數四十國之榜單，與撒哈拉沙漠以南的非洲國家並列。印度的基礎設施差，全球有名，但它們全比印度還差。在亞洲這些赤貧國家，夏季大雨一來就把原本就破碎的道路沖走，只有少許城鎮有電力供應，行動電話訊號根本不存在。

一帶一路倡議的邏輯建立在中國本身的經驗上，投資基礎設施可以促進經濟增長，並降低貧窮。遠離海港的內陸地區（如封閉、不濱海的中亞），面臨的挑戰最大。即使在沿海地區，經濟和人口快速增長也對既有基礎設施產生極大壓力，尤其是交通運輸和能源供應。亞洲開發銀行經常引述的一份研究估計，在二〇二〇年以前十年投資八兆美元在新基礎設施上，將可產生約十三兆美元的實質所得增加。[36]即使中國出手闊綽，這種規模的投資也是空中畫餅。但是當亞銀下了結論，「在區域內廣建公路、鐵路、橋梁、電廠和輸油管，應該是本區域決策者的優先項目」，這些都有堅實的根據。

最真實的例證就是柬埔寨，這個以人均基礎而論，是東南亞最貧窮的國家。中國和日本在柬埔寨動用支票本和營建器材，展開基礎設施資援助戰爭。[37]首都金邊的湄公河巍然聳立兩座大橋。第一座完工於一九六六年，是日本贈送。第二座由中國路橋工程公司興建，中國進出口銀行提供條件很好的貸款，於二〇一四年通車。當中國提出一帶一路倡議時，日本和其多邊夥伴的對應之道是也提供更多的開發貸款。二〇一五年四月，一座壯觀的新橋在金邊下游六十公里地方啟用——是由日本建造和資助，並得到亞銀支持。

毋庸置疑，中國很快也會有反應。日本於二〇一一至一三年在東協國家投資五百六十億美元，是中國投資額二百二十億美元的兩倍以上。歐盟會員國的投資更大，達到七百五十億美元。但是在柬埔寨等某些亞洲國家，中國目前已是最大的外來投資者。往後十年，當一帶一路倡議的動力大增後，北京盼望自己的影響力會更加擴大。衝著這個目標，中國也增加援助——以最低的利率提供貸款和贈與款。在東南亞，日本是出手最大方的捐贈國，把援助視為維持在本區域勢力範圍的重要手段。中國仍然落後一大截，但是捐助正在快速增長。二〇一三年，中國在全球花了七十億美元援助款，根據經濟合作暨開發組織（OECD）的統計，居世界第六名。[38]

東京擔心中國的金援外交，決心反擊。在二〇一五年二月發表一份新的「開發合作憲章」（Development Cooperation Charter），聲稱援助必須以保護日本國家利益為目標。有史以來第一次，日本也必須尋求建立「法治」和「民主化」。[39]接下來東京又發表一份外援報告，明白表示日本應與東協建立更堅強的關係，確保在面對中國日益擴大的區域影響力時日本的國家利益。[40]最後，安倍晉三首相在二〇一五年五月宣布，日本將在五年之內提供令人咋舌的一千一百億美元給亞洲「高品質」的基礎設施項目——明顯針對亞投行成立的反應，因為有些批評者擔心亞投行將資助品質差的中國建設。[41]日本的資金半數將由雙邊分派，半數則與亞銀合作。

日本承諾協建「高品質」的基礎設施絕對不是空話。河良市（Neak Loeung）位於金邊以東車程一小時的地方，居於通往胡志明市一條忙碌的公路上，壯觀的河良橋顯示中、日之間的財力大戰如何可以造福低度開發的亞洲。這座兩公里長的大橋跨越湄公河，在中國於首都金邊蓋的那座比較樸實的大橋啟用之後六個月也告通車。以日本給予一億三千萬美元贈與款蓋成，消除了渡輪過江此一連通兩大城市之間車輛交通的瓶頸。原本在忙碌的時候，汽車必須等上七、八個小時，比起開車走全程的時間還要加倍長。亞洲開發銀行把這座橋視為在泰國和越南兩國之間建設「南方經濟走廊」的重要連結——這是「大湄公河次區域開發計畫」（Greater Mekong Subregion Development Programme）的重要部分。[42]

中國和日本之間的競爭遍及東南亞各地。河內位於金邊北方一千五百公里，中國中鐵公司正在興建一部分河內新的城市鐵路系統。中國和日本都出資幫忙此一項目的建設。越南此一首都已經有一座斥資十億美元，光鮮的全新機場大廈，透過時尚的六線快速道路和九公里的紅河大橋與市區連結——全都靠日本出部分援助款興建。對於越南這樣一個迄今仍處於低度開發的國家而言，河內基礎設施的品質令人驚艷。

越南、柬埔寨和其他國家的領導人都渴望借到低利貸款。二〇一五年五月，柬埔寨商務部長出席在東京舉行的「亞洲的未來」會議，他在演講時籲請世界銀行和亞洲開發銀行不要「懲罰」柬埔寨參加亞投行。孫占托（Sun Chan-thol）部長解釋：「錢從哪裡來，不重要；我們需要錢資助基礎設施以改進連結。」[43]（譯注：柬埔寨華人混血後裔，其妻是著名潮州商人許書利女兒）回到金邊，他的一位顧問講得更直白。率領代表團談判柬埔寨加入世界貿易組織事宜的席發納博士（Dr. Sok Siphana）告訴我：「我們需要發電廠和公路，而這些絕大部分來自中國和日本，其餘的聯合國、世銀和亞銀，全都是笑話。」[44]

然而，已經有跡象顯示，中國的野心正刺激傳統的多邊放款機構採取行動。二〇一五年亞投行成立後，世界銀行貸放一百一十億美元給印尼興建基礎設施。同時，亞洲開發銀行擴大放貸能力百分之五十。席發納博士說：「亞投行對柬埔寨而言是一件非常了不得的事。有競爭是好事，因為現在我們可以比價。」他又說，柬埔寨喜歡向亞投行這樣的多邊組織借錢，而非透過雙邊交涉借錢：「這樣比較好，因為我們不會只欠一個國家一大筆錢。」

亞投行究竟會是世銀及亞銀的對手或夥伴，還有待證明。但已經成功把一堆新錢拿到檯面上，也刺激日本和其他多邊放貸機構有正面回應。再加上中國的政策銀行答應注入更多資金，以支持一帶一路倡議，亞洲似乎已經站在史無前例基礎設施大爆炸的增建邊緣。

唯一一個重大的不確定因素是，這些金融機構能否找到銀行肯承作的項目。開發金融的專家說，這才是亞洲基礎設施不足的根本原因，而不是因為缺錢興建。對任何國家而言，基礎設施投資的最適水平要綜合考量潛在經濟成長率、成長結構，和治理品質等綜合因素，更不用說也要考量商品價格。歷史上充滿了對未來需求過度樂觀預測的事例。雖然中國手上握有大筆錢，有可能還是難以找到值得投資的項目。有一項顧慮是沒有設定條件限制的援助，可能變成在地菁英貪腐的源頭，而不是經濟受惠的源頭。亞洲有些地區極度缺乏基礎設施，但並不是所有的基礎設施都符合經濟效益——中國本身過度投資的經驗就是最鮮明的例證。

另一項擔憂是，中國企業過度擴張去尋找可行的項目。規劃人員甚至擬想一帶一路倡議要投資敘利亞、伊拉克、阿富汗、巴基斯坦、葉門、埃及和烏克蘭等動亂國家。毫無疑問，有些大錢會注入到沒有太大機會回收的戰略性質項目。有些投資將增強中國的經濟安全，或把有迫切需要的開發帶到貧窮地區；有些則不過是基於地緣政治考量的行賄收買。甚且，投資到全世界動亂國家要成功，北京需要重新思考貸款給貪腐政權的政策。從尚比亞到賴比瑞亞、從南蘇丹到緬甸，中國和臭名昭彰政府合作的政策已經發生反效果。

亚洲梦

中國把一帶一路倡議描繪成國際計畫，預備要建立新貿易通路和跨國經濟連結。但是這裡頭也有重要的國內成分：中國每個省都有自己的一帶一路投資計畫。對想方設法要刺激疲軟經濟的地方政府而言，加入投資列車是合理的思考。就全國而言，決策者大唱這項倡議為工程營建公司及資本財製造商創造新需求的可能性。自從二〇〇八年全球金融危機以來，中國往出口高價值資本財的過渡即已停滯，更因競爭激烈及全球需求疲軟而受挫。從二〇一〇至一五年，工程營建海外收入的金額減了一半。一帶一路倡議背後的部分經濟思維，就是伺機扶搖而上。[45]

二〇一五年，中國國務院呼籲，「利用海外營建項目及對外投資增強器械的出口」，賦與亞投行、絲路基金和中國的政策銀行任務，要讓中國企業能資助海港、輸油管、發電廠、物流中心、道路和鐵路的建設。反過來，它們應該創造出對水泥、鋼鐵和資本財，如挖土機、動力渦輪機和起重機等的需求。由於中國的政策銀行放款給自己人，最大的受惠者將是中國的國有營造事業。[46]

不幸的是，北京發出來的官方論調，誇大一帶一路倡議能消化中國產業產能過剩和恢復全球商品需求的潛力。中國是有可能每年撥出五百億至一千億美元，供海外一帶一路項目之用。政策銀行在這方面可提供三百億至八百億美元，而亞投行和絲路基金合計可另出二百億美元。此外，個別企業也能從商業銀行申貸，及掏出本身資金。但是以二〇一五年中國國內基礎設施經費每個月就約一千五百億美元而論，一整年花在一帶一路沿線海外項目的經費，也比不上國內一個月的花費。

以鋼鐵而言，中國在二〇一六年被控訴以低於生產成本的價格向世界市場傾銷。二〇一五年，中國鋼鐵產能過剩約一億七千萬公噸。如果一帶一路倡議每年產生一千億美元的海外新開銷，其中一百五十億美元落入中國鋼鐵業者口袋，對於鋼鐵需求的影響相當有限。以二〇一五年底的價格而言，一百五十億美元可以買到二千八百萬噸鋼材——只占中國產能過剩的百分之十六。這根本解決不了問題。當然，並不是所有的一帶一路經費都花在國外。國務院發展暨改革委員會（簡稱：發改委）擬出來的第一批投資成功名單，包括規劃已久的項目，譬如成都和廈門新蓋航空運輸中心，被重新更名、匆匆納入一帶一路的名目下。由於它們是本來就要興建的項目，並不會增加總需求量。[47]

一帶一路倡議是個長期計畫，需要時間來取得外界注意。目前國務院發改委列出的項目得失互見。最大的投資項目，如華西到歐洲的「陸地大橋」和巴基斯坦濱臨阿拉伯灣的瓜達爾港開發計畫，最為醒目。印尼和緬甸水泥廠的開工，正是北京希望鼓勵的企業向外投資的樣板。另一個有趣的項目是中國港口與馬來西亞六個港口之間的港口同盟，預備合作降低瓶頸及提振貿易。中國也正投資一百億美元在麻六甲闢建一座深水港和商用碼頭項目。[48]但是有許多項目，如新疆計畫在塔吉克開發整合棉花產製，就有點小兒科。還有其他項目，如鄭州機場花費鉅資企圖成為一帶一路的貨運中心，就有點無厘頭：鄭州位於華中，與一帶或一路的核心都距離遙遠。這就是典型的把此一倡議拿出來替地方投資擦脂抹粉。

事實上，許多中國的投資根本不是這麼一回事。一帶一路倡議很大一部分是要替國有工程營建公司取得合同，通常是向借到中國資金的外國政府所投資的個案取得合同；也有些是先建，而後擁有資產的項目。中國商務部聲稱，二〇一五年，中國企業在一帶一路沿線四十九個國家直接投資一百四十八億美元；最大的投資對象國家是新加坡、哈薩克、寮國、印尼、俄羅斯和泰國。中國企業也在六十個國家簽下約四千個工程、採購和營建項目，總值高達九百二十六億美元。[49]我們不清楚這些項目有多少真正是一帶一路的產品，又有多少是原本就要做的。總之，中國各部委大肆宣傳，支持習近平此一宏偉的倡議。

國內外都有些懷疑派擔心一帶一路倡議會成為浪費錢、亂花錢的藉口。與政府有關的一位懷疑派說：「項目會有成功和失敗。坦白說，當人們提起一帶一路時，我就會想到當年的大躍進。」（中國一九五八至六一年想要改造經濟卻釀成的大亂。）[50]大部分國家會樂意收下中國的錢，但仍然擔心中國的戰略意圖，而且肯定不認同北京以中國為中心的亞洲此一觀點。地緣政治的限縮，代表一帶一路倡議可能成效沒有宣傳所講那麼美好。北京大學國際政治經濟教授查道炯說：「我懷疑中國有能力向國際社會推銷出去『共同命運』的概念。」[51]

縱使如此，一帶一路倡議是個大膽計畫，必須嚴肅看待。一帶一路倡議顯示中國演進中的外交政策，如何可以對亞洲及其他地區的經濟福祉造成實質差異。一帶一路倡議應該有助於對新興市場傳送迫切需要的投資刺激，藉由鼓勵有競爭的放貸直接或間接地刺激。一帶一路倡議將提供工作給中國的工程營建公司，也提供新機會給資本財出口商——即使號稱一帶一路倡議能誅殺產能過剩幽靈的說法相當誇大。習近平有心以擴大區域整合做為政績流傳後代，也決心促成實現。但若要成功，中國必須說服其鄰國，相信中國宏大的倡議不是要推動區域霸權的戰略。

| 第二章 |

向西方邁步

中亞的經濟力

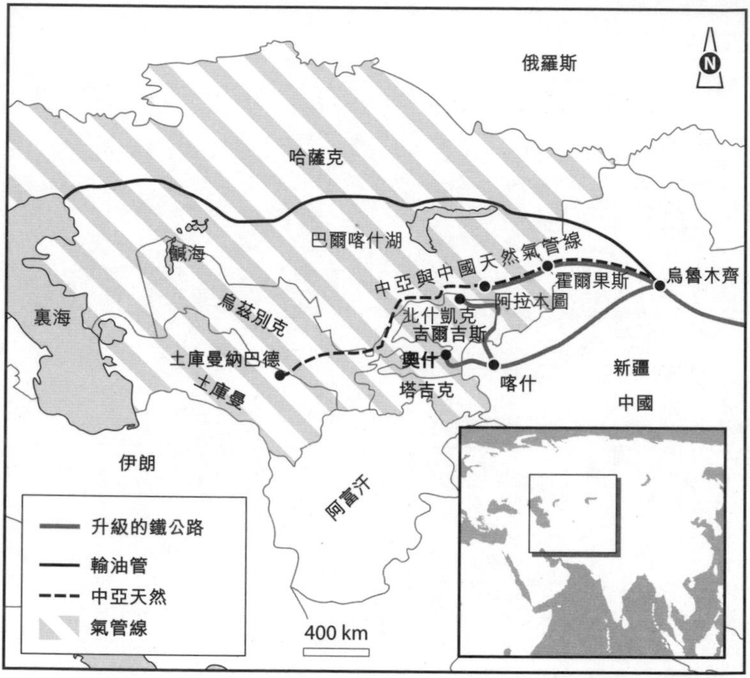
俄羅斯
哈薩克
巴爾喀什湖
鹹海
中亞與中國天然氣管線
霍爾果斯
烏魯木齊
阿拉木圖
北什凱克
吉爾吉斯
烏茲別克
裏海
土庫曼納巴德
奧什
喀什
新疆
中國
土庫曼
塔吉克
伊朗
阿富汗
升級的鐵公路
輸油管
中亞天然
氣管線
400 km

中亞

二十年前，阿斯塔納（Astana）只是蘇聯某個默默無聞偏遠地方鐵道邊的一座小城鎮。一九九五年，哈薩克第一位總統（也是迄今唯一一位總統）宣布將把首都由阿拉木圖遷到阿斯塔納，各國外交官莫不大驚失色。阿拉木圖擁有林蔭茂密的街道，街邊咖啡館和裝飾華麗的俄羅斯式建築物，漆上棉花糖色調，深具東歐的優雅氣息。阿斯塔納依哈薩克文字義直翻，就是「都城」的意思。在這兒，最著名的就是冬天的氣溫可以陡降到攝氏零下五十度以下。但是這個新興國家的新首都還是排除萬難開工興建了，財源來自從裏海深處開採的石油。

哈薩克的新首都仍然朔風凜冽、天寒地凍，但是藉著二十年從石油的巨大獲利，已經改頭換面。名家設計的摩天大樓、怪異的紀念碑和鮮亮的清真寺，和本市最具未來派風味的建築物——類似巨大、傾斜的帳篷的大型購物中心——並肩聳立、相互爭艷。[1]在美醜交集的建築物當中，有兩座宮殿主宰天際線。其中之一是藍頂、金色尖塔的總統府：哈薩克最高領袖納札巴耶夫（Nursultan Nazarbayev）的豪華宅邸。另一座是中國國營事業「中國石油天然氣集團公司」（簡稱：中國石油）擁有的二十五層樓高的大飯店：北京皇宮，有華麗的前庭和硃砂柱頂起的屋頂，是到這個中亞首要經濟大國訪問的中國貴賓首選下榻之地。

北京皇宮象徵中國在中亞蒸蒸日上的實力。中國是本區域最大的貿易和投資夥伴，也是最大的金主，光是中國石油天然氣集團公司就控制哈薩克全國四分之一石油生產量。[2]當中國財政部長樓繼偉二〇一四年五月設宴款待亞洲領導人，說明北京即將成立後來所謂亞洲基礎設施投資銀行的計畫時，他就在北京皇宮的長城餐廳舉行。在中亞，乃至整個亞洲，權力平衡已倒向中國這一面。

二〇一三年九月，習近平就在阿斯塔納市納札巴耶夫大學首度宣布有意建設「絲綢之路經濟帶」，從華西跨中亞、進入歐洲。[3]中國在習近平上台之前很久，就開始致力於「歐亞陸橋」的建設，但是他把這個計畫包裝進他民族復興的宏大論述：一帶一路倡議是習近平的代表性政績。這項計畫前瞻的目標不只是打造新的出口走廊和進口更多石油、天然氣和礦產。除了創造區域經濟依賴圈的網絡之外，北京盤算的是改善連結，可以幫助中國低度開發的邊疆地區成為活力充沛的貿易區。北京也希望在中亞建立一個安全警戒線，讓中國能夠壓抑住大西北地區新疆在地穆斯林人民，和漢族移民之間的種族緊張。

不論是否出於精心計畫，外交動作的目標是把中亞和中國緊密聯繫起來。即使普丁推動從蘇聯廢墟重建「歐亞大陸經濟同盟」（Eurasian Economic Union, EEU），中國已忙著填補莫斯科退出本地區所留下的經濟真空。俄羅斯在中亞五國保持戰略利益，而北京小心翼翼把區域倡議描述為純粹商業性質，不是要擴張政治勢力。但是當提升投資，又願意提供財務援助給這些脆弱的鄰國，中國勢力上升、俄羅斯自然跌宕下去。中國日益上升的經濟實力，很快就將在中亞的地位無法撼動。中國的「西進」比起美國的「重返亞洲」，沒有引起各方太大的重視，但是意義恐怕更加重大。

新疆

中國對其西邊人煙稀少的草原和沙漠，有悠久的勢力歷史。唐朝期間（六一八至九〇七年），大唐帝國勢力沿絲路向西深入，位於今天烏茲別克和土庫曼的汗國派出駱駝隊遠至帝都長安向中國朝貢。十八世紀，滿清乾隆皇帝征服中亞的東部，命名為「新疆」，但是外國人繼續以異國風味的名字「東突厥斯坦」稱呼它。這個名字在一九三〇年代被維吾爾族民族主義者拿出來用。到了十九世紀末期，廣大的中亞西部地區落入俄羅斯手中。在蘇聯治下，中國和西北邊界的中亞各共和國沒有太多互動，尤其在一九六〇年外交關係中斷之後。[4]

當哈薩克、吉爾吉斯、塔吉克、烏茲別克和土庫曼（五國統稱中亞）在一九九一年獨立時，北京的第一優先是畫定邊界，確保新疆的安全。一九九六年，成立由中國、俄羅斯、哈薩克、吉爾吉斯和塔吉克組成的區域安全組織「上海五國論壇」（Shanghai Five Forum）。二〇〇一年，烏茲別克加入後，上海五國論壇改名「上海合作組織」（Shanghai Cooperation Organization, SCO，簡稱：上合組織）。二〇一五年，經過長達十年未曾擴張，印度和巴基斯坦受邀成為正式會員國。上海合作組織憲章規定，會員國要對抗恐怖主義、分離主義和宗教極端主義這「三大邪惡」，但是中國也把它當作是經濟合作的工具。[5]

一九九〇年代中期成立上海五國論壇，正是中國逐漸認識到中亞經濟及戰略潛力的開端。本區域具有豐富的天然資源，如未開發的石油和天然氣田，深入地下的鈾礦和極大的水力潛力。北京認為中亞的穩定攸關內陸新疆省的繁榮，因為新疆和中亞有長達二千八百公里的共同邊界。藉由興建公路、鐵路和輸油（氣）管連結起來，北京的戰略家相信跨國貿易將會興盛。他們希望，現代化和經濟開發能有助於新疆整合進入本區域，抑制住蠢蠢欲動的分離主義份子。

二〇一二年，前任國務院總理溫家寶宣布，計畫把新疆省會烏魯木齊改造成為「歐亞大陸門戶」，興建新機場和通往吉爾吉斯及塔吉克的公路。[6]溫家寶的講話呼應中國著名外交政策思想家、北京大學國際研究學院院長王緝思的觀點。王緝思在同年十月發表一篇文章，主張興建「一條新絲綢之路，從中國東岸港口延伸，穿過亞洲和歐洲中心，通往大西洋東岸以及地中海沿岸國家」。他主張不必膠著在迭生風波的東海和南海，中國應該「西進」。[7]

習近平二〇一三年在納札巴耶夫大學演講，他提到東西方古代的貿易連結，中國的絲綢和其他商品從帝都長安（今天的西安）跨越中亞，進入土耳其和地中海。習近平惆悵地說：「回顧那個時代，我可以聽到駝鈴響徹山頭，看到裊裊薄煙從沙漠升起。」一年之後，習近平又回到中亞，出席在塔吉克舉行的上海合作組織第十四屆高峰會議。但是這一次高居他議題頂端的是安全的顧慮：習近平呼籲簽署協定，合作遏阻伊斯蘭極端主義，也促請上合組織反恐單位在取締毒品走私販運方面扮演更大角色。

上合組織在習近平提倡興建「新絲綢之路」之前許久就已經成立。但是這兩個中國領頭的倡議彼此有關聯：中國領導人認為經濟開發將有助於促進區域穩定，不僅是新疆，也可及於在其西方邊界的脆弱的國家。北京已投入數十億美元在新疆各地投資，企圖安撫蠢蠢欲動的維吾爾族民族主義者。北京也把慷慨大度推及到前蘇聯的五個中亞共和國，幫助它們重建破舊的基礎設施，有一部分是做為中國可以買到中亞的石油與天然氣的回報。

儘管北京習慣性、不正確地把維吾爾族民族主義說成是宗教極端主義，但中國的安全顧慮相當真實。可是中國進入中亞，其目的不只限於確保區域穩定或取得天然資源（雖然都很重要），也代表北京地緣政治的視線（原本長期關注華東海岸），已經轉移到陸地邊界。「新絲綢之路」的概念代表北京重新注意到自己傳統的大陸野心。中亞觀察家也很有說服力的提出，中國在過去十年勢力日益伸進本區域，形同建立一個「無意中的帝國」（inadvertent empire）。[8]但是習近平決心繼續「西進」，代表中國現在積極要把自己打造為歐亞大陸的中心經濟大國。

北京的野心聚焦在貿易和投資，認為這些是解決新疆安全的方法之一。中國領導人長期以來鼓勵漢人移民到這個帝國邊陲地區，當地原住民主要是說突厥語的穆斯林。一九四九年中國共產革命成功之前，穆斯林維吾爾族少數民族占新疆人口百分之九十以上；今天全省二千二百萬居民，他們只占百分之四十。北京已投注巨資改善交通網和發展石油及天然氣工業，這些是新疆經濟的主要部門。但是大部分石油財富流回北京或是漢人移民的口袋，激起本地維吾爾族少數民族的怨恨和抗議。二〇〇九年，維吾爾人在烏魯木齊領導滋事，殺死一百九十七人，另有近兩千人受傷。[9]

二〇一三年，亂事蔓延到新疆省之外。當年十月，一名維吾爾族抗議者開著吉普車在北京天安門廣場衝撞人群，旋即起火燃燒，造成五人喪生。然後在二〇一四年三月，八名維吾爾人揮舞刀刃在中國西南部的昆明市火車站亂砍亂殺，造成二十九死、一百四十多人受傷的慘案。中國媒體把這場屠殺稱為「中國的九一一事件」。一個月之後，兩名自殺炸彈客在烏魯木齊火車站引爆炸彈。這是烏魯木齊十七年來首次再發生爆炸案。七月間，南疆莎車縣發生種族暴動，官方說有九十六人喪生。二〇一四年因暴力而死亡者人數約四百人，不過實際數字恐怕更高。[10]

北京把這些攻擊歸咎為激進的伊斯蘭煽動分離主義者犯案。中國堅稱恐怖份子企圖在新疆建立獨立的伊斯蘭國家，受到與蓋達組織和塔利班勾結的外國敵對勢力指使。自從二〇〇一年紐約世界貿易中心遭受攻擊以來，北京明白地新疆的鎮壓行動與美國的全球反恐戰爭連結起來，宣稱中國也是「國際恐怖主義的受害人」。特別明白指責一個所謂「東突厥斯坦伊斯蘭運動」（East Turkestan Islamic Movement, ETIM）的地下組織，從國外策畫恐怖攻擊。恐怖主義專家不認為東突組織策畫這些攻擊；有些專家甚至認為根本沒有這個組織。總之，沒有太多證據可以指稱東突組織或其他「恐怖份子」組織策畫在北京和昆明的攻擊。以前住在新疆的賀德斯多克（Nick Holdstock），寫了一本書《中國被遺忘的民族》（*China's Forgotten People*）宣稱，實際上在本區域沒有什麼有組織的伊斯蘭恐怖主義。他反倒認為，過去幾年暴力事件頻傳，是維吾爾族人反抗北京，以控制恐怖主義為名義所執行的政策而造成的反彈。這是自我實現的預言，很不幸的，激發出真正的事情。當局以「維穩」為名義，已經把新疆大部分地區變成警察國家狀態，動輒突檢民宅、取締信仰宗教的表徵。小群好戰的維吾爾人，遂開始基於政治目的攻擊老百姓。

先不論事實真相如何，北京擔心伊斯蘭主義在新疆上升並不是沒有道理。二〇一六年初，恐怖組織「伊斯蘭國」（Islamic State, IS）的一名叛逃份子揭露一批在二〇一三年中期至二〇一四年中期，收集的三千五百多名外國戰士的登記表。華府智庫「新美國基金會」（New America Foundation）所做的分析，發現這些戰士有一百一十八人來自中國，其中一百一十四人來自新疆。[11]二〇一五年，伊斯蘭國以普通話配音發布募兵視頻，指控北京迫害維吾爾人，號召更多中國穆斯林加入全球聖戰。根據來自敘利亞北部的報導，好幾千名來自新疆的中國維吾爾族人已定居在當地的軍營。他們被形容是與蓋達組織有關的「突厥斯坦伊斯蘭黨」黨員，這是東突組織的新化身。[12]

二〇一六年八月三十日，中國駐吉爾吉斯首都比斯凱克（Bishkek）大使館遭到自殺炸彈客攻擊，讓北京振振有詞攻擊東突組織。一輛汽車衝撞使館大門，引爆炸彈，炸碎窗戶，大使館三名當地職員受傷。[13]吉爾吉斯國家安全部門說，攻擊是由在敘利亞活動的維吾爾族人下令發動，由一名隸屬此一恐怖主義團體、來自塔吉克的維吾爾族人執行。中國外交部發言人說：「（東突組織）滿手鮮血。我們將堅定打擊他們，保衛中國僑民安全。」[14]這類攻擊反倒方便了北京師出有名，在國內鎮壓伊斯蘭信徒。

縱使如此，當局繼續相信透過開發在地經濟、改善人民生活水平，仍可以遏抑新疆維吾爾族人的怨恨。中國從二〇一〇年以來即在本地撒下大把銀子，興建新公路、鐵路和市場，但是緊張仍很高。在北京機場，前往新疆的旅客要經過特別的安全檢查，沿著像籠子似的走廊走向登機室。在烏魯木齊，手提行李在登機梯前還要檢查是否藏了炸彈。到目前為止，經濟開發和財富誘惑還不能滿足受到殖民統治的人民，他們渴望政治、文化和宗教自由。

亚洲梦

兩百年前，烏魯木齊可能是地球上最偏遠的地方。位於歐亞大陸塊的正中央，被無垠的草原、沙漠和山嶺包圍，烏魯木齊在準噶爾（Dzungars）語的意思是「美麗的牧場」；準噶爾是蒙古族部落之一，統治本地區，直到十八世紀中葉遭乾隆皇帝出兵殲滅為止。今天，烏魯木齊是大中亞地區最大的城市，也是北京興建絲綢之路經濟帶計畫的核心。烏魯木齊是全世界離海洋最為遙遠的城市，但是即將成為區域交通及金融中心。

自從二〇一一年以來，烏魯木齊主辦巨大的「中國—歐亞博覽會」（China-Eurasia Expo）以鼓勵區域貿易。二〇一四年我去參觀時，主題標明了「建設絲綢之路經濟帶」。巨大的展覽館形狀像是外星人的銀色飛碟，會場由全副武裝的武警部隊巡邏保護，還有特勤組坐鎮在鐵甲車裡。大會吸引了區域領袖、亞洲及世界各地貿易商，擠滿了當地人群，搶買外國手工藝品和食用美味佳餚。

最耀眼的展覽位於中央主館。一幅巨大的地圖展現新的絲綢之路經濟帶將如何重建，並超越古代絲路，把內陸封閉的區域變成火車和卡車——現代的「沙漠之舟」——穿梭其間的虛擬海洋。伴隨著一部影片，介紹兩千多年前絲路的起源，漢朝特使張騫如何奉命第一次跨越中亞，建立中國與西域之間的貿易通路。影片說明，這段歷史啟示中國把巨大的國內交通網延伸跨越國境，以便主導亞洲的貿易與投資，並深入歐洲。這將對整個區域「互利」，實現歐亞大陸的和平及經濟發展。但是最重要的是，將實現習近平「中華民族偉大復興」的夢想。

其他的展示顯示，中國企業如何審慎地在大絲路倡議中布建本身的活動。展覽館中充滿了各公司基礎設施的宣傳視頻：高速公路穿越叢林和沙漠、隧道穿越山脈、火車奔馳在西藏高原的冰原，展現中國的公路和鐵路工程公司，有能力把高效率的交通網帶到地球上最偏遠的區域。展覽館外一排又一排巨型的起重機、堆高機和推土機，讓人不再懷疑中國的工程能力，相信可以克服中亞荒涼的地形。

絲綢之路經濟帶從中國西北通往歐洲，其目標是建立陸上交通網絡，比起由華東海岸出發的傳統海路，可以縮短數千英里的旅程，也可做為進口石油、天然氣和其他天然資源的運輸線。過去幾年，北京已經蓋了一條高速客運鐵路，把烏魯木齊和中國其他城市串連起來，也蓋了一條新的貨運鐵路和七百公里長的高速公路，從烏魯木齊通到哈薩克邊界。從哈薩克，中國出資協助提升通往俄羅斯和歐洲的鐵路、公路的品質。改善過的交通網使得高端產品節省極大的海運時間，藉由陸路一瞬間就從中國內陸運送到目的地。公路和鐵路運輸成本可能更昂貴，但是對時間敏感的消費者商品和零組件而言，還是划算。

北京規劃人想把毗鄰哈薩克邊界的小城霍爾果斯，打造為中亞最大的配銷中心之一：一個具有數百英畝倉庫和一座工業園區的「乾港」。[15]一條新鐵路從烏魯木齊穿過霍爾果斯，藉由一排又一排的起重機把貨櫃從中國的標準車軌列車，吊掛到前蘇聯共和國使用的寬軌列車上。接下來，這條路線在阿拉木圖接上前蘇聯的網路，同時另一條新鐵路可服務裏海邊的石油城阿克陶（Aktau）。通往德國的第一班跨越歐亞大陸列車於二〇一二年始發，一萬公里的路程，十五天就到，比海路快了三十天。惠普、宏碁和富士康，都利用這條路線從位於重慶的生產基地出口電腦；福斯、奧迪和寶馬也利用這條路線，從德國運送零件到它們位於中國內陸的工廠。[16]戴爾從設在成都的全球基地，透過跨越大陸火車把筆記型電腦送到歐洲市場。另一方面，比較笨重的桌上型電腦則走海路運送。武漢、長沙、成都、西安和鄭州等內地城市，也有列車通往歐洲。

鐵路也打開了亞洲新興市場。從二〇一六年起，通往德黑蘭的列車，經過哈薩克和土庫曼，運來中國製的衣服、皮包和鞋子。另外，連雲港（位於青島南方兩百公里）是個聯運貨運中心，理論上提供南韓和日本經由陸路通往中亞和歐洲的服務。DHL全球快遞公司開啟從連雲港到伊斯坦堡的服務，中途經過哈薩克、亞塞拜然和喬治亞共和國。DHL預期到了二〇二〇年，公司的亞歐鐵路運送量可以增為兩倍或三倍。[17]

我在二〇一四年底訪問霍爾果斯時，哈薩克中間人告訴我，新的基礎設施助益很大。一位貿易商滿臉笑容告訴我：「這陣子生意非常好。」他向我解釋，中、哈之間現在出現供卡車過境往來的強化設施。他的家族公司設在霍爾果斯邊界對面、塵土飛揚的小鎮札爾肯特（Zharkent），每天最高十五輛貨卡開往莫斯科。通往阿拉木圖的一條新高速公路，連結北上俄羅斯、西向烏茲別克、南往吉爾吉斯的公路，這條交通走廊部分經費來自亞洲開發銀行的「中亞區域經濟合作」（Central Asia Regional Economic Cooperation, CAREC）計畫。[18]中國技巧地利用這個多邊大傘興建絲綢之路經濟帶的重要路段，甚至說服亞銀把區域新總部設在烏魯木齊。[19]

某些成功出現在便捷貿易方面，這項挑戰或許比興建基礎設施本身還更艱難。新疆通往俄羅斯的舊鐵路是在此地北方幾百公里處穿越哈薩克邊境，二〇一二年火車平均要在邊境等候十七天才能通關。相形之下，穿過霍爾果斯前往德國的快捷服務邊境通關手續簡化，顯示凡事得到高層支持就好辦。目前商品相當有效率地通過哈薩克邊界，進入「歐亞關稅同盟」（Eurasian Customs Union）地區。可是有些歐洲企業抱怨這條路線太昂貴，不合經濟效益。有家大型石化公司老闆告訴我，他的公司藉此陸橋出口的唯一原因是要討好中央及地方官員。[20]

除了交通和物流中心之外，北京試圖把霍爾果斯從飛砂走石的邊城改造成企業及商務中心。這些計畫可以上溯到胡錦濤和納札巴耶夫總統，二〇〇五年在上海合作組織峰會簽訂的一項協定，早在討論絲綢之路經濟帶之前。沙漠中拔地而起興建一排又一排的新公寓，中國各地貿易商受到稅賦優惠和低價房租吸引，紛紛前來霍爾果斯。他們在一個跨國界的巨大市集工作，正式名稱是「邊境合作中心」。在入口大堂，成群的維吾爾人、哈薩克人，和回民排隊申請進入特區的許可。進入特區後，他們享有三十天免簽證逗留的優惠。有些穿鮮艷衣服、戴頭巾的婦人，一笑就露出金牙。

邊境特區設計來藉由鼓勵貿易、促進在地經濟發展，設有倉儲站、保稅倉庫和加工出口區。實情是，絕大多數訪客只是進來採購免稅商品。中國方面，已經合理開發起來，有好幾個大型的批發市場，以及高大的新辦公大樓。採買人一車又一車，由阿拉木圖坐巴士來買皮毛大衣、衣飾和鞋子，大部分商店掛出俄文店名，而非中文店名，但是哈薩克方面，面積比村落市集還小——只有少許舊貨櫃改成店鋪，賣點哈薩克雜貨和駱駝奶給維吾爾老婦人。一點都沒有正在構成商業中心的影子。

霍爾果斯最大的缺點是這個地區人煙稀少；最近的大城市是阿拉木圖，位於三百六十公里外的西邊，烏魯木齊位於東邊，相距六百七十公里。市集裡的中國貿易商抱怨，他們被騙搬來這個偏遠邊城。哈薩克貨幣「騰格」（tenge）二〇一五年八月貶值，一夜之間貶值超過百分之二十五，降低消費者的花費力量。廣東省來的鞋商卓先生抱怨：「這個地區仍然相當貧窮，不像過去在老家賣東西。搬來這裡是錯了。」[21]

亚洲梦

烏魯木齊西南方一千英里傳奇的市集喀什，是古絲路上最重要的一站。喀什是中國最西邊的城市，與吉爾吉斯、塔吉克、阿富汗和巴基斯坦交界。這裡擁擠嘈雜的星期天市場非常有名，實際上是天天營業。雖有少數英文招牌指點「觀光客紀念品」，但絕大多數顧客是本地人，這個星期天市場主要銷售日常用品——鮮艷的婦人衣料、刺繡的蓋頭小帽、抵禦冬寒的皮革大衣、電視玩具和冰箱，還有一包包的核桃、葡萄乾和甜點，街上的攤販賣一杯杯的冰凍豆腐，餐廳的男師傅就著炭爐翻烤肥羊肉。從文化上和地理上而言，喀什和土耳其的接近程度不亞於與中國本土的距離。

離開大街和本市漢人居民居住的公寓樓房區，喀什仍然保持絕對的維吾爾風味。街道上的女人穿著寬大的衣服、戴著鮮艷的頭巾；少數婦女甚至以粗糙的棕色披肩包覆整個頭，從小縫窺伺世界。有些勞動男子戴著平頂帽、臉上滿是鬍髭，貌似西方人，彷彿是土耳其人或甚至西西里人。老人穿著白袍、戴著刺繡蓋頭小帽，蓄著大鬍子——又長又細，有些任情飄逸，有些修剪整齊。深邃的雙眼和高鼻樑，他們長相和中國本土，以及整個中亞草原的蒙古種人大不相同。

過去十年，喀什的舊城區大多拆了重建。著名的艾提尕爾清真寺（Id Kah Mosque，譯注：艾提尕爾意即「節日的禮拜場所」，是新疆最大的清真寺）外頭狹窄的巷道已經夷平，蓋了任何現代化中國城市都有的寬敞的公共廣場。老式的泥土和木造屋，換成鋼筋水泥房子和公寓大樓。「人民廣場」已經變成武警部隊裝甲車的停車場，廣場對面街上一個戴著刺繡蓋頭小帽的年輕人向我吐露對漢人入侵的不滿。他鄙夷地說：「漢人沒有信仰，只知道崇拜金錢。我是維吾爾人、突厥人。我們跟他們不一樣。」可是，其他的維吾爾人顯得勉強接受漢人殖民者。穿著平淡無奇藍色衣服的中年婦人哈蒂查（Hadicha）以彆腳的普通話告訴我：「我有漢人朋友，我們大半都相處得來。」她說，市政府每月付給每個居民人民幣兩百元（約三十美元）幫忙維持和平。[22]

金錢和武力是北京的利器。旅客一到喀什機場，迎面而來就是全副武裝的武警和「實現喀什特區之夢！」的標語。二〇一〇年，喀什被列為十五年來第一個新經濟特區，預備仿效在深圳極為成功的樣板。[23]當然喀什不具備深圳的主要優勢：毗鄰香港，又位於沿海位置。但是決策當局公布稅賦優惠政策，並指示廣東省政府投資十五億美元到喀什，這項政策意在強迫中國比較富裕的省份補助新疆全省建設開發。目標是重建喀什為進入中亞及南亞的門戶，規劃雄心勃勃的鐵路項目，把喀什和鄰近的吉爾吉斯及巴基斯坦，甚至更遠的區域連結起來。

廣東省政府把投資貫注到「廣州新城」，它座落在城外幾公里一片沙石飛揚的平地上。我去參觀時，計畫中的住宅區只有幾棟大樓完工，但是一片空地的寬敞街道已開出一系列大型、矮房的批發市場。空蕩蕩，但秩序井然，和鬧哄哄，但生意繁忙的星期天市場成為鮮明對比。目前看來，沒有什麼經濟理由要在中國人口稀少的這個偏遠邊陲，進行如此大規模的開發案。我在布市遇到一位被三年免費房舍及超低廉店租誘惑，從沿海的浙江省千里迢迢搬來的一些店家。其中一人告訴我：「我們因為聽說這裡將會有個大型國際市場而搬來，但是目前還是靜悄悄的。」

附近鮮亮、新蓋的「八國購物中心」的外國商人就比較樂觀。他們也得到廉價店租和三年免費住房的補貼，政府企圖促成計畫成功，一視同仁，大力招商。出生在巴基斯坦費瑟拉巴德（Faisalabad）的拉札克（Habdul Razzaq）估計，在伊斯蘭馬巴德（Islamabad，譯注：巴基斯坦首都）和喀什之間做生意的一千名生意人，大約一百五十人遷進這個新購物中心。他們駕著卡車，循喀拉崑崙公路，穿越喀什米爾山脈把貨運過來新疆。他說：「冬天冰雪封山，道路不通，我必須空運補貨，但這樣太貴了。我希望他們能蓋一條新鐵路，通到伊斯蘭馬巴德。」他指的是建設一條交通走廊，從喀什通到阿拉伯海的計畫。

在購物中心的烏茲別克區段，我遇到納迪洛娃（Firuza Nadirova）。她那繁複的家庭背景讓人為分畫本地區的所謂國界，成為笑話。她是生在吉爾吉斯共和國的烏茲別克人，嫁給吉爾吉斯籍的維吾爾人；女兒在喀什唸中文及維吾爾文雙語學校。她拿給我看她鮮藍色的吉爾吉斯共和國護照，上面蓋滿了她在喀什申請而續簽的中國簽證印記。我的翻譯員努碧雅（Nurbiya）是個年輕的維吾爾族生意人，說一口流利的吉爾吉斯話。她以流利的普通話（這在維吾爾人當中很罕見）告訴我，她唸中文學校，而且剛結束在比斯凱克由中國政府開辦的孔子學院教課的工作，回到喀什。

目前要說廣州新城，以及與絲綢之路經濟帶相關的其他開發案，是否能成功地實現決策者打造新貿易中心的宏大計畫，為時尚早，可是它們已經替納迪洛娃和努碧雅等女性創造經濟機會。這還滿足不了數以百萬計的維吾爾人，他們渴望宗教自由，也痛恨在自己的家鄉必須說外來語言。但是藉由與鄰國建立商業連結，北京提供前途更繁榮的機會——雖然只有願意玩政治遊戲的人才能享有機會。[24]

中亞

劉亞洲是一名直言無忌的解放軍將領，他曾經說過，中亞是「上天賜給中國人民最豐厚的禮物」。[25]對中國而言，中亞可以供應豐富的天然資源。哈薩克的石油和鈾礦蘊藏量豐富，土庫曼供應中國將近一半的進口天然氣，而且還有極大潛力可增加區域內的採礦。中亞只占中國全國貿易額的百分之一，但是地緣戰略價值遠大過此一數字的意義。

過去十年，中國石油集團已經擠下俄羅斯的國營公司，成為中亞的能源巨擘。哈薩克的石油蘊藏量居全世界第十位，但是十年前，中國石油業者在當地只擁有一處主要資產。哈薩克三大油田：田吉茲（Tengiz）、卡拉查干納克（Karachaganak）和卡沙干（Kashagan），都被西方主要石油公司控制，有兩條輸油管經俄羅斯通往歐洲。中國深入此一市場既迅速又積極。二〇〇五年，中國石油集團搶標，勝過印度石油及天然氣公司（India's Oil and Natural Gas Corporation, ONGC），以四十二億美元買下加拿大人擁有的哈薩克石油公司

（PetroKazakhstan），一夜之間使哈薩克成為第二大海外生產基地。二〇〇六年，中國和哈薩克啟用一條三千公里長的輸油管，從裏海延伸到新疆。二〇〇九年，全世界陷入金融危機時，中國石油集團蒐購因全球商品價格崩盤而吃不消的本地石油業者。到了二〇一〇年，中國在哈薩克十五家能源公司持股過半數。26

中國石油集團在哈薩克掌控的石油絕大部分送到歐洲，但是送進中亞—中國輸油管的數量也逐步上升。預計到了二〇二〇年出貨量將上升到二千萬噸，哈薩克總統已提起興建第二條輸油管的可能性。他的信心是依據巨大的卡沙干油田預估流量而來；中國石油集團二〇一三年取得百分之八點三所有權，這是和哈薩克國營的「哈薩克國家石油天然氣公司」（KazMunaiGas，簡稱：哈油氣）締結「戰略夥伴關係」的第一個成果；而中國的主權基金擁有「哈油氣」百分之十一的股權。原本的主人康納可菲力浦石油公司（ConocoPhilips）起先同意把它在卡沙干的持分，賣給印度石油及天然氣公司，但是哈薩克政府運用優先權買下持股，然後做價五十億美元轉手賣給中國石油集團。印度石油及天然氣公司，再次敗在口袋多金的中國競爭對手手下。

目前卡沙干的表現遠不如中國石油集團期望。裏海油田是石油業者四十年來最大的發現，可開採的蘊藏量估計有一百三十億桶，但也是成本最高的油田。多年的延期、超支估計已逾五百億美元，終於在二〇一三年開始生產，剛好是中國石油集團買下持股的四天之後。

但是，輸送管線破裂引起一系列天然氣外洩，很快就使生產叫停。預計要到二〇一七年才可望全面復工，這一延遲代價又是數十億美元。縱使如此，中國石油集團在卡沙干的持股代表中國已經躋身領先地位。中國石油集團不必在哈薩克日益成長的石油市場苦苦直追，現在它已是當地的主要外國業者。

土庫曼是中亞區域另一個天然資源大國，故事也一樣。土庫曼原本是俄羅斯天然氣巨擘「俄羅斯天然氣工業公司」（Gazprom，簡稱：俄氣公司）的根據地，但是均勢在二〇〇九年堅實地轉向中國這一邊，中國石油集團啟用一條天然氣輸送管，從土庫曼經烏茲別克和哈薩克，進入新疆。俄羅斯本身也沒幫上自己。自從蘇聯時期，輸氣管只朝向俄羅斯運送，俄氣公司能夠利用此一壟斷優勢，以低於市場的價格買下天然氣，加上巨大的利潤轉手出售到歐洲。土庫曼渴望終結此一代價高昂的依賴，與中國石油集團達成協議。土庫曼現在出口到中國的天然氣，遠超過賣給俄氣公司的數量。情勢已經決定性的大翻盤，阿什哈巴特（Ashgabat，譯注：土庫曼首都）政府現在高度依賴向中國的出口。

俄羅斯的四大能源公司：俄氣公司、盧克石油公司（Lukoil）、國家輸油管公司（Transneft）和俄羅斯國家石油公司（Rosneft，簡稱：俄油公司），繼續從哈薩克輸送大量石油和天然氣，經由俄羅斯，送到歐洲。俄油公司甚至將俄羅斯石油經由哈薩克送到中國，阿斯塔納當局從中賺取不少轉運費。因此俄羅斯在中亞仍保有相當大的經濟影響力。不過中國的爪子抓得更深：除了天然氣輸送管，它已經興建發電廠、煉油廠和傳送線，對俄羅斯公司構成不利影響；俄羅斯業者無法與中國競爭對手競爭，因為中方資金取得容易、興建速度又快。中國石油集團正在取道吉爾吉斯，替土庫曼天然氣興建另一條管路，帶動區域內欠缺能源地方的發達。中國國家電網公司旗下新疆電力公司正預備投資數十億美元，興建新電力網（可想而知，將命名為「電力絲路」），把中亞和新疆串連起來。

亚洲梦

就經濟而言，中國（而非俄羅斯），現在是中亞的老大。就哈薩克和土庫曼而言，中國是最重要的能源夥伴，也是廉價貸款的重要來源。但是就本區域的小國家塔吉克和吉爾吉斯而言，是經濟命脈之所繫。它們的領導人依賴中國企業興建全國交通及電力網，資金主要來自中國政策銀行提供的低利貸款。中國企業已經蓋了兩條全新公路，從喀什通往吉爾吉斯，另一條縱貫公路將連結吉爾吉斯的北部和南部。亞洲開發銀行提供部分資金，但絕大部分貸款來自中國進出口銀行。其他的放款機構不太有錢或意願，肯借錢給這些連正式信用評等都拿不到的脆弱國家。

最重要的新公路之一預備要提升喀什和奧什（Osh），這兩個古絲路最大貿易中心之間的貿易。兩千多年來，中國貿易商在市集城鎮之間帶著商品往來，要穿過帕米爾山脈山麓的伊爾克什坦隘口（Irkeshtam Pass）。數量在過去十年，因吉爾吉斯改造成為區域批發中心而增為五倍。依據官方數字，有三分之二的進口：家用品、玩具、鞋類、衣物和電器產品來自中國，如果把走私貨計入，實質數字還要更多。直到新公路通車之前，載運的卡車必須走經常坍方、有破洞的公路。大部分商品還要轉口輸出，主要出口到烏茲別克和哈薩克。若無中國人的穿梭貿易，吉爾吉斯的市集經濟將會崩潰。

本地商人告訴我，新公路把喀什和奧什之間原本需要二十四小時的旅程縮短一半時間。我決定親身測試，在早餐後上路，從喀什出發。我的司機歐斯曼是個維吾爾人，臉頰和脣上都是濃密的黑鬍髭。沿著高速公路西行，我們穿過一片飽受侵蝕、類似月球表面的砂石地區，走過布滿紅色岩石的崎嶇的褐色懸崖。路上穿過一片沙漠，偶爾可見以雕刻木門裝飾的破爛的磚瓦農舍。骨瘦如柴的綿羊，在矮草和砂石中間覓食。中國的海關站設在一個荒涼小鎮，居民大多為吉爾吉斯人，其實小鎮離實際邊界還有一百三十五公里。我們越過在現代化的海關大樓前等候通關的卡車車隊，上了新公路，向伊爾克什坦隘口前進。

貧瘠的景觀變得更加嚴峻，所有的沙漠沙丘和鋸齒狀的岩石陡然升高為山嶺。換了一個新司機是個中國籍的吉爾吉斯人，他在他那破舊的國造吉利汽車裝了一個錄像顯示器。戴著毛皮帽子的女人顫聲跟著手風琴唱著歌。吉利汽車儀表板上方飄著兩面迷你小紅旗，分別是中國國旗和中國共產黨黨旗。[27]從新公路乾淨的柏油路面，我們可以遙望到蜿蜒、波狀起伏的舊路。橋梁穿越巨岩，新的無線電桅桿確保在這個地球上最偏遠地區，還有良好的手機通訊。[28]烏恰縣是中國邊境最後一個地區，路邊錯落著一堆醜陋的磚房，牆上用阿拉伯文漆著有關中國發展的宣傳標語。出了烏恰，戴著毛氈帽的農民在田裡用鐮刀剷除山邊雜草，白雪皚皚的帕米爾高原就在他們背後巍然聳立。

車子開到中國邊境，一名士兵看了我的護照一眼，揮揮手，我進入另一個偏鄉國家。我數了一下，有百來輛貨車排隊等候通關進入中國。進到吉爾吉斯邊界這一邊，一大堆肩掛長槍的士兵用俄語對我大吼大叫。另一名海關人員拍腹大笑，揮手示意我過關。[29]來到這一邊，公路開始沿著荒涼的草原快速地攀升到海拔三千六百公尺。馬匹和綿羊在草地上任意啃草，而大片草原散布著蒙古包和拖車，看起來像是吉普賽人破敗的大篷車車隊。路邊滿臉通紅的孩童叫賣以塑膠瓶裝著的發酵母馬奶。然後公路沿著仍可見到融冰的河流，蜿蜒經由陡坡向下而行。我們終於進入肥沃的費爾干納河谷（Ferghana Valley），及時趕到奧什吃晚飯。這趟車程整整十個小時。

這趟旅程顯示中國的工程如何改變中亞的地貌。蘇聯時期，吉爾吉斯的公路大半北向通往哈薩克和俄羅斯。目前中國本土依然很遙遠，但已經沒有問題可把華東沿海工廠的貨品載運進來。如果中國策略家的計畫照表實施，除了喀什至奧什的公路之外還會有一條鐵路，通往烏茲別克、伊朗和土耳其更廣大的市場。這可以使中國貨品繞過吉爾吉斯，因為吉爾吉斯有一段時候威脅不讓中國卡車入境。哈薩克－土庫曼－伊朗鐵路的最後一段，於二〇一四年通車；土庫曼正在規劃一條新路線，穿過阿富汗和塔吉克；而烏茲別克也在鋪設一段一百二十九公里的新鐵路。前任總理沙里耶夫（Temir Sariyev）說，中國人預定二〇一六年動工建造一條穿越吉爾吉斯的鐵路，將和本區域的鐵路網串連起來。

奧什曾經是喀什到撒馬爾罕（Samarkand），這段絲路上的一個重要貿易城市。今天，奧什是蘇維埃帝國一個破敗的遺跡，破破爛爛、滿目瘡痍，而且道路壅塞、供水不定。比起吉爾吉斯其他任何城市，它的經濟更仰賴把從中國引進的進口貨、轉手出口出去。這個貿易集中在卡拉蘇（Kara-Suu，譯注：意即「黑水」）市場，幾乎已到了烏茲別克邊界。和比斯凱克及阿拉木圖其他大型區域市集一樣，是由數千個堆成兩層的舊貨櫃組成，嘈雜又擁擠，淨是廉價衣飾、鞋子、電子產品和梭織花邊。送貨員把箱子堆在金屬推車上，一路橫衝直撞，高喊「讓路！讓路！小心！小心！」

中國商人，大部分是福建幫，十多年前開始來到卡拉蘇。二〇一〇年本地吉爾吉斯人和烏茲別克人械鬥時，市集約有兩千個中國人，主要服務來自烏茲別克的批發商人。但是大部分生意枯竭後，大約一半打道回府、回中國去了。在卡拉蘇已經工作十年的福建商人卓亞（譯音）解釋說：「烏茲別克人嚇得不敢來了，而且現在貨物要跨越國境也難多了，經常被海關沒收。」向邊境官員行賄是在中亞做生意必需的手段，但是許多中國人受夠了。另一位穿著迷你裙的福建女子說：「生意太差了，我肯定是要回家了。」30

在卡拉蘇最大的抱怨之一是，烏茲別克生意人直接向廣州訂貨，用卡車經由烏魯木齊運到塔什干。他們採用卡里莫夫（Islam Karimov）親戚經營的阿布—沙伊物流公司（Abu-Sahiy logistics company）的服務；烏茲別克一九九一年獨立之後，卡里莫夫即鐵腕統治，直到二〇一六年去世為止。離市集開車不遠，我找到阿布—沙伊髒兮兮的卡車場，四周圍牆淨是胡亂塗鴉，雇的多半是維吾爾人，由他們擔任中亞和中國的中間人。有位黑黝黝的大漢是經理，名叫阿里江（Alijan），證實他們的卡車在邊境毫無麻煩。他笑著說：「我們的生意好極了。」

奧什市中心有中國人經營的Taatan市場供應日用品給中國投資人。我在俞先生經營的工業器材店和他聊天。俞先生是上海附近的南通縣人，二〇〇七年遷來奧什，供應到此買下水泥廠和鋼鐵廠的中國企業所需的用品。他太太住在烏魯木齊，負責安排工地頭盔、水泥攪拌器、工業電風扇和機械零件等運送過來。貨物大多經由喀什用卡車運來，有些則經由哈薩克用火車運來。中國石油集團和國有企業中國路橋工程公司都已進駐奧什，奧什也正在成為中國私有企業投資礦業：黃金、煤礦和水晶的中心。二〇一四年，中國在此設立領事館，照顧愈來愈多的中國僑民。金錢沿著絲綢之路經濟帶流動之下，愈來愈多像俞先生這樣的人將會到這裡闖天下。

中國出資在中亞各地援助開發案之下，引起一般老百姓害怕被強鄰吞噬。在吉爾吉斯，隱喻變成事實：本地人曾經開玩笑說中國工人宰殺驢子大快朵頤。多數人認為北京在他們這個小國家興建鐵路的計畫，威脅大過潛在的利益。區域領袖面臨的挑戰是如何平衡輿論及經濟現實。吉爾吉斯總統阿唐巴耶夫（Almazbek Atambaev）勸諭他的同胞：「我們不應該畏懼中國的擴張，拒之於千里之外。我們應該運用中國就是我們鄰國這個優勢。即使我們不蓋鐵路，中國人還是會來到我國。」[31]

受到多年來蘇聯反華宣傳的影響，中國的經濟影響力被看做是無可避免，但又有害。丘巴克（Chubak）是個頑固的鞋販，他在奧什市場告訴我：「我們的經濟成長需要依賴他們，但是一不小心，可能國家就丟了。」他又握拳捶掌講出大家共同的抱怨：「真正讓我不爽的是，中國公司贏走了政府招標的新建公路的每一個標案，可是從來不雇用本地工人。」中國路橋工程公司承建穿過伊爾克什坦隘口的公路，大部分工人都由中國引進。當天稍後，我經過一群穿著反光橘色圍兜，在城外鋪路的中國工人。

自古以來畏懼「黃禍」的心理在中亞仍然鮮活存在，特別是針對中國移民大舉入境的黑色幽默相當尖酸。有一個常見的玩笑話是：「二〇三〇年，我們大家一覺醒來，發現怎麼人人都說中國話了。」阿美巴耶拉（Nurbala Amiebayera）是個軟體工程學生，在阿拉木圖享用馬肉美食的晚餐時告訴我：「大家都看過中國陸軍訓練的視頻，十億人動作如一人。真的把我們嚇死了。我們讀歷史就讀到鄰近中國的部落侵略我們。」[32]吉爾吉斯的媒體充斥一些誇張的故事，說什麼中國人來了，娶了本地女子為妻，民粹主義的政客大放厥詞，聲稱中國人的血統弱化了吉爾吉斯民族的基因。[33]

中亞各國並沒有確切的移民數據，但是說什麼有數十萬中國移民湧入中亞的報導，肯定是誇大其詞，特別是在哈薩克，因為維持嚴格的簽證管制。數萬人還比較有可能。許多移民碰上不痛快的遭遇：中國僑民常遭小偷或黑道勒索，而黑道經常得到警察保護，因此僑民往往相當低調。二〇一三年十二月，北京《環球時報》報導，在比斯凱克及其周圍地區爆發「又一波」對中國生意人和學生的攻擊。二〇一五年夏天，在吉爾吉斯首都擁有一個眼鏡行連鎖店的中國東主，因為和警察局長意見不合被毆打成傷，送醫不治。[34]可是絕大部分反華情緒是因缺乏接觸而起，不是因接觸頻繁而生。在市集之外，一般吉爾吉斯人很少和中國人交往。從中國農村進口來的築路工人，通常都住在遠離本地人的營區，以致於謠傳他們都是在監服刑的犯人，被送來強迫勞動。

很少中國移民在中亞落地生根，他們自認為只是暫時性的過客，來到異鄉只要賺夠了錢，就要回中國。這和世界上其他很多地方不一樣，即使是非洲，都有數萬名中國移民在那兒安家。[35]在比斯凱克的Taatan市場，他們無精打采地盯著手機看中國電視節目。與我聊天的商人來自新疆和福建，但是他們說，全中國各省都有人來。我問一個年輕的福建人：「你習慣在這兒過活嗎？」他已經在市場工作了七年。他很哀傷地聳聳肩。我沒有看到有服務華人的中國餐館，甚至比斯凱克的外幣兌換所打出的廣告，本地區任何鈔票都有，獨獨沒有人民幣。中國在此的勢力似乎相當膚淺。[36]

絕大多數中國人持短期商務簽證進入哈薩克。平常上班日，哈薩克駐北京大使館外的人行道擠滿了人，大多是三、四十歲的男子，手裡抓緊申請表格。來到簽證組，移民官以俄國腔的中國話大聲問話：「你為什麼要到哈薩克？你有過什麼訓練？你會住在哪裡？預備什麼時候回中國？」哈薩克當局渴望擠出中國人的投資和專門知識，但是他們很小心把關，只讓中國技術工人入境。申請人是預定到裏海鑽油井和輸油管工作的技師，到中國人出資的基礎設施項目工作的機械操作員，或出席器材展的技術人員，全都備有蓋著公司大印的邀請函。

我去領取簽證時看到的其他申請人就比較帶有投機性質。吉林農業大學有位王教授想到哈薩克東部城市烏斯季—卡緬諾戈爾斯克〔Ust-Kamenogorsk，譯注：今名厄斯克門（Oskemen）〕參加一個養鹿研討會。他解釋說，中國投資人有意買哈薩克的養鹿農場，因為鹿茸是中國人喜愛的養生滋補品。一個大連中年男子想去開設磚瓦廠。他說：「我從來沒有去過哈薩克，去了就曉得是怎麼一個樣子。」[37]就是這種帶著投機性質的闖天下精神，使中國投資人充滿了寮國、緬甸和非洲許多國家。只要有賺錢的機會，他們就願意去試一試。然而，到目前為止，哈薩克當局管控良好，保持中國移民在最低的限度：工人來來去去，但不久留。

在多數案例中，中國移民造福地方經濟，但是認為中國的勢力有害的觀念深鑄人心。以吉爾吉斯的查特卡爾（Chatkal）地區為例，當地人指控中國淘金礦工賄賂地方官員，夜裡偷偷開挖，把森林變成沙漠。很多怨恨源自二〇一〇年以前，當時法律允許數十家中國公司以不超過文書申請費用的代價——每次不足十美元——就拿到開礦權。老百姓普遍認為，斂財官員允許中國及其公司的行為不受懲罰。

中亞國家人民愈來愈相信他們的政府已被中國收買。其實，吉爾吉斯和塔吉克菁英很清楚真相：他們需要中國才能通電點燈。北京玩狡黠的遊戲，投資新發電廠和煉油廠等項目，沒帶來多少商業利潤。二〇一四年，習近平訪問塔吉克，出席中亞—中國天然氣輸送管D線的動工典禮，這條管線將從土庫曼開始，經塔吉克和吉爾吉斯，抵達中國。塔吉克和吉爾吉斯都沒有天然氣供應。可以有更短、更方便的路線，但是這個善意姿態正好顯示，北京小心翼翼地收買政治影響力。

中亞非常需要經濟成長，而與中國貿易、投資往來可以帶來經濟成長。比斯凱克市郊，農村移民住在泥土屋裡，以塑膠護板當窗戶。首都本身盡是生鏽的舊工廠。可是，本區域貪腐的政府是否能夠利用中國的崛起為全民造福，是很有疑問的。事實上，藉由維持最弱的經濟體不崩潰，中國的慷慨相助可能也保住獨裁者繼續當家掌權。[38]

俄羅斯

中國在中亞的崛起，看在長期以來視中亞為其禁臠的莫斯科眼裡，格外心驚膽跳。普丁一再慨嘆俄羅斯在這片前蘇聯領域的影響力式微。和習近平一樣，普丁總統也是個追求其受辱國家復興的民族主義者。他達成此一目標的大計畫即是成立一個「歐亞同盟」（Eurasian Union），從烏克蘭起、跨過高加索和中亞，直達俄羅斯遠東地區。批評者稱之為「輕量蘇聯」（Soviet Union-lite）。

普丁的大夢在二〇一五年一月一日離實現更靠近，從已有的俄羅斯、白俄羅斯和哈薩克關稅同盟為基礎，成立「歐亞大陸經濟同盟」。目前，歐亞大陸經濟同盟有五個會員國，亞美尼亞和吉爾吉斯也加入。克里姆林宮施加極大壓力，拉吉爾吉斯加入，現在正全力拉攏小國塔吉克也加入。和歐盟一樣，歐亞大陸經濟同盟的首要目標是確保此一整合的單一市場之內的貨品、資金、服務和人員自由流動。但是普丁的長期目標更宏大：他要創造一個超國家的政治同盟，成為歐洲和亞洲之間的橋梁，可和歐盟及中國鼎足而立。簡單講，這是俄羅斯想維持在整個歐亞大陸（包括中亞）勢力範圍的大膽企圖。

換句話說，歐亞大陸經濟同盟一方面要阻止中國「西進」，一方面要防止歐盟在東歐擴張。然而，我們有很好的經濟理由可以認為它不會繁盛。首先，歐亞大陸經濟同盟基本上是內觀、保護主義的設計。過高的對外關稅已經傷害它和非關稅同盟成員的貿易，特別是中國和吉爾吉斯之間的穿梭貿易。雖然此一同盟已經提振區域內整體貿易量，但主要對俄羅斯有利。哈薩克和其鄰國的貿易赤字擴大，可是俄羅斯卻堅持保留對內部能源關稅的豁免直到二〇二五年，其價值高達每年四百億美元。

然而，最大的障礙是政治。歐亞同盟的構想，最早由哈薩克總統納札巴耶夫在一九九四年提出，但是他的構想只是擴張為共同的經濟集團，不是政治同盟，因為他擔心這是普丁的真正意圖。在他堅持下，歐亞同盟改名「歐亞大陸經濟同盟」。俄羅斯的統一野心一直是阿斯塔納當局的忌憚。二〇一四年八月在莫斯科附近謝利格爾湖（Lake Seliger）舉行的一個親克里姆林宮青年夏令營，普丁蒞臨演講，他宣布「哈薩克人從來沒有自己的國家」，哈薩克斯坦終究是「俄羅斯世界」的一部分。納札巴耶夫立刻親上國營電視台痛批，宣稱「哈薩克斯坦絕不會加入對我們的獨立構成威脅的組織」。[39]

俄羅斯於二〇一四年兼併克里米亞（Crimea），的確讓阿斯塔納當局戰慄。哈薩克和烏克蘭有許多相似點：百分之二十二的人民是俄羅斯族裔，在北邊毗鄰俄羅斯的邊區城市，甚至超過百分之四十。許多俄羅斯人基本上視哈薩克北部地區為俄羅斯領土，就和他們對克里米亞及烏克蘭東部地區的看法一致。在歐亞大陸經濟同盟條約談判之前，阿拉木圖街頭罕見的出現五百多名群眾抗議示威，反對加入同盟。經歷一百多年被莫斯科統治之後，哈薩克人民和他們在烏克蘭西部的昔日同志一樣，熱切守護得來不易的獨立。

哈薩克政治分析家認為，俄羅斯過分操切企圖擴大其政治影響力，使得地緣政治主動落到北京手中。阿拉木圖的管理、經濟與戰略研究大學（KIMEP），中亞研究中心主任卡珊諾娃（Nargis Kassenova）說：「克里米亞事件削弱了俄羅斯。我們雖然害怕中國，卻顯得比俄羅斯好得多。中國人不干預內政；他們顯得尊重人，他們也不要求政治條件。」[40] 阿拉木圖世界經濟政治研究中心（Institute for World Economics and Politics）學者阿澤巴耶夫（Aidar Azerbayev）同意她的觀點。我們在當地一家餐館吃飯時，他告訴我：「烏克蘭增強了習近平一手牌。中國可以鬆弛俄羅斯緊抱住中亞，讓新絲綢之路構想成為更開放的另一個選擇。」[41]

納札巴耶夫總統在歐亞大陸經濟同盟條約簽訂典禮上，把哈薩克的立場表達得很清楚，他的話明顯衝著普丁說：「我們把歐亞大陸經濟同盟看做一個開放的經濟共同體，有機地接連上全球交通，可做為歐洲和日益成長的亞洲之間的橋梁。」哈薩克把自己定位為歐亞大陸的十字路，決心在相互競爭的外來利益之間找出平衡。亞洲開發銀行二〇一四年在阿斯塔納舉行年會，哈薩克經濟及預算規劃部副部長札希里科夫（Timur Zhaxylykov）撥冗跟我談話，他說：「我們是內陸國家，遠離世界市場，因此需要更好的連結。」他幾乎是唱著中國的歌譜，又說：「公路、鐵路和輸油管線代表我們可以直接進入中國，這是世界第二大，也是成長最快速的市場。」[42]

因此，如果普丁的歐亞統合之夢失敗的話，會留下多少空間讓中國可在中亞推動自己的議程呢？在比斯凱克某個炎熱的上午，我向當時的全國戰略研究智庫負責人蘇丹諾夫（Talant Sultanov）提出這個問題。他在基輔街一間陰暗的蘇聯時期大樓裡接見我，他說：「中國有相當大的經濟力量，但並不想惹惱俄羅斯。他們領導人的訊息是：『我們希望我們鄰國安定、繁榮，這樣對中國有好處。如果我們一起成長，對雙方都有好處。但是我們沒有野心要接收一切。』」他又說，如果吉爾吉斯認為中國太咄咄逼人，「北京曉得我們會又投向莫斯科的懷抱」。[43]

中亞國家處於很微妙的地位——經濟上依賴中國，但是軍事上必須依賴俄羅斯。俄羅斯仍是本區域唯一有可信度的安全力量，它的部隊在吉爾吉斯發生種族彼此械鬥之後，提供穩定；他們巡邏塔吉克與阿富汗之間千瘡百孔的邊境，阿富汗可是伊斯蘭極端主義的溫床，也是毒品走私販售的大本營。莫斯科推動的「共同安全條約組織」（Common Security Treaty Organization, CSTO）比起北京支持的上海合作組織是個更有效的安全組織；後者資源太少，起不了太大作用。

從文化上而言，中亞也更接近俄羅斯。即使在前蘇聯最東方的邊陲也是如此。哈薩克城鎮札爾肯特離中國邊境城市霍爾果斯，車程距離只有三十分鐘，札爾肯特的繁榮是拜和鄰居巨大的經濟體貿易往來之賜：街道排滿卡車隊，市集裡淨是來自中國的商品。每天早晨，居民湧到邊界處理運貨，或在海關上班。可是，即使在這兒，我也找不到會說中國話的人。而他們和中亞許多城鎮的百姓一樣，除了母語之外，也說俄語。哈薩克人、維吾爾人和斯拉夫人，除了本身的種族認同外，也都共有俄羅斯化的文化。從札爾肯特我學到一點，俄羅斯在中亞的文化觸角比起中國在大部分新疆地區深入得多，新疆的維吾爾人很少精通中文。

中國的經濟力量雖然日益強大，軟實力仍然相當有限。北京在中亞各地普設孔子學院，也提供數千名獎學金吸引學生到中國唸大學。我在奧什參觀當地的孔子學院，設在奧什國立大學一座漂亮的蘇聯時期建築物的頂樓，有一百七十個學生，要魚貫而行經過這位至聖先師的銅像，也要穿過用紅色中式燈籠裝飾的紅色走廊。但是在中亞能說中國話的人，比例仍然微不足道。對於百分之九十九以上的本地人而言，中國和中文仍是十分陌生的東西。如果真的會有變化的話，恐怕需要幾十年的功夫。

俄羅斯當然不會放棄在中亞傳統的影響力。不過，已有跡象顯示，俄羅斯終於接受中國經濟占優勢的現實。二〇一五年五月在莫斯科舉行的高峰會議就是證據，普丁和習近平簽署聯合聲明，要協調歐亞大陸經濟同盟和絲綢之路經濟帶的開發。他們不會各走各的陽關道，同意在歐亞大陸建立「共同經濟空間」，包括歐亞大陸經濟同盟和中國簽訂自由貿易協定。[44]莫斯科和北京的新思維是，這兩大計畫應該互補互成。對中國出口商而言，從中國邊境起一路到歐盟存在一個單一的貿易集團，可以節省絲綢之路經濟帶沿線的時間和成本。俄羅斯方面，則尋求中國協助改善及資助基礎設施。首先就是蓋一條七百七十公里長的高速鐵路，由莫斯科直達南部的城市喀山（Kazan）。這個項目預計經費超過一百五十億美元，可把兩座城市之間的旅行時間從十二小時縮短為三個半小時。據報導，北京預備提供六十億美元貸款支持這條高速鐵路。[45]

俄羅斯改變心意的確顯示出地緣政治的新現實，也就是在後烏克蘭時代，需要中國遠勝於中國需要它。當莫斯科於二〇一四年簽署一項延宕甚久的協議，同意將價值四千億美元的天然氣供應給中國消費者時，是因為需要找到取代歐洲的另一個市場。俄羅斯的經濟在西方制裁壓力之下出現危疑震盪，被迫東向尋找能源買主和政治盟友。但是習近平和普丁的公開「友誼」，完全是基於雙方務實主義的戰術結合。中國和俄羅斯公開場合表演共同利益，但是他們的「戰略夥伴關係」仍然爾虞我詐，充滿互不信任和暗中較勁。有位前任哈薩克外交官接受「國際危機集團」（International Crisis Group）訪問，就生動地形容中、俄兩國在上海合作組織的關係是「狐獴和響尾蛇共舞」。[46]（譯注：狐獴善於抓鼠和蛇）

現在的問題是，中國能在中亞維持多久的不干預政策。二〇一五年十月在阿斯塔納舉行的一項雙邊峰會，中國和哈薩克同意擴大兩軍在共同安全議題方面的合作，譬如對抗恐怖主義。哈薩克國防部長告訴中國國防部長，雙方都希望確保中亞的安定。這是一個很奇妙的發展，因為在此之前，中哈雙邊關係只是經濟性質。這件事透露的玄機是，哈薩克仍然擔心俄羅斯的政治野心，願意提升和中國的政治關係，以防歐亞統合逼上門來。

過去十年中國擴張進入中亞，主要是受經濟機會主義驅動、而非外交策略驅動：石油、天然氣和中國商品，可以有新市場是主要誘因。但是習近平絲綢之路經濟帶的前瞻代表外交做法的改變，中國現在積極尋求增加在西方邊境的影響力。隨著時間進展，我們可以合理推論，中國經濟勢力深化後，將轉化為更大的政治影響力，不論俄羅斯高興與否。這肯定會考驗中俄關係。目前中國駐莫斯科大使形容兩國是「唇齒相依」，毛澤東也曾經如此形容中國和北朝鮮的關係。47

這個結論還有一個警告。北京在中亞統治菁英當中的地位相當堅固，但是他們帶進來的中國企業和移民卻非常不受歡迎——這種情形令人想起前幾年中國在緬甸的地位。直到二〇一一年，北京及國有企業很高興與緬甸軍事領袖密切合作，中國企業在緬甸努力興建新公路、鐵路和電力供應線。但是當軍事執政團解散時，民間的抗議卻很快就轉向中國企業。好幾項重大基礎設施項目已經取消或暫停，北京還未能在這個從前的扈從國家重新站穩定位。

北京在中亞也必須提防民間的反彈。如果北京的威權政府朋友遭到民粹主義政府取代，中國沛然莫禦的西進有可能戛然而止。

| 第三章 |

熾熱的太陽下

南下湄公河

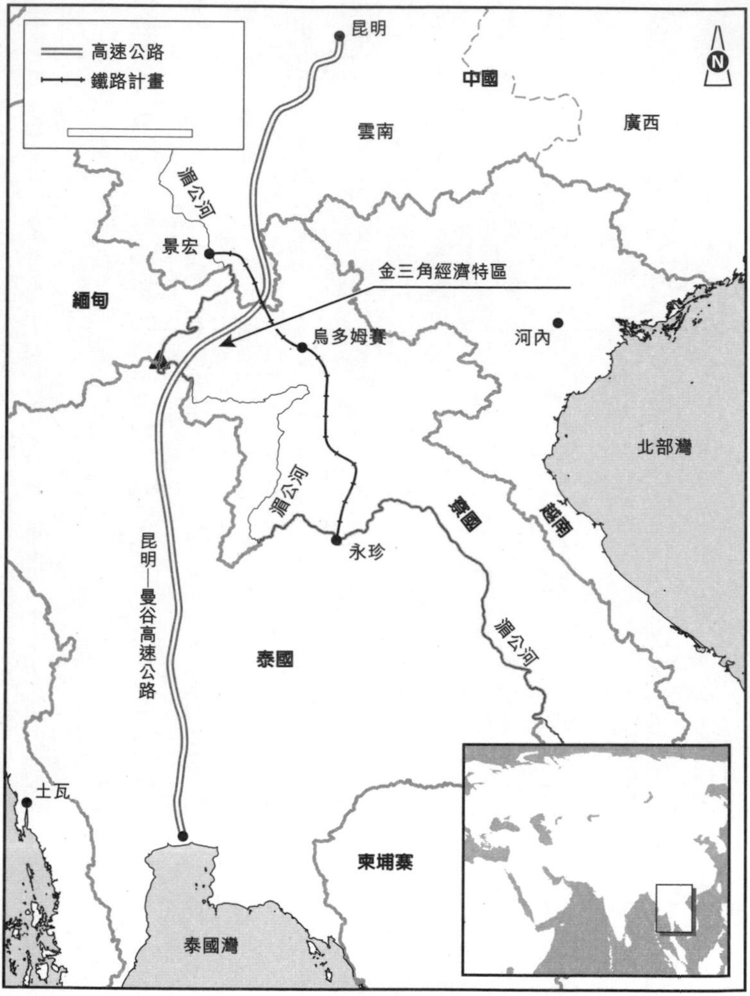
高速公路
鐵路計畫
昆明
中國
雲南
廣西
湄公河
景宏
金三角經濟特區
緬甸
烏多姆賽
河內
北部灣
湄公河
寮國
越南
永珍
昆明—曼谷高速公路
泰國
湄公河
土瓦
柬埔寨
泰國灣
N

湄公河流域

景宏市距離北京三千公里，是湄公河畔一座小城，堪稱是中國最偏遠地區之一。回到二〇〇一年，我首度訪問雲南這個南方國境，仍然有可能住在有棕櫚葉屋頂的傳統高腳屋木造房子。這個沈寂的小城只有寥寥可數的幾家旅舍和兩家咖啡廳，服務在中、寮、泰三國邊界穿梭的背包客。少數幾個身穿沙龍服的緬甸玉石商人，也跨越邊界到此地賣貨給第一波的國內遊客。[2]但是生意很清淡：他們下午就躲在店前遮蔭下打盹。除了幾家妓女戶，景宏唯一的夜生活是河濱有個夜市，男人手持擴聲器招徠遊客嘗試遊樂場的一些遊戲。

此後，國內遊客的錢使這個悶熱的落後城市改頭換面。最後一批高腳屋房子全拆了，改建為平房，而高樓層的旅社像野草般沿著湄公河（本地名稱瀾滄江）岸邊冒出來。本市棕櫚遮蔭的街道像個大型玉石市集，一排排的玻璃櫥窗展示間，向穿著夏威夷襯衫的遊客兜售透著乳白色的綠石玉飾。其他商家賣普洱茶茶磚，據說普洱茶有減肥功效；也有人販售用熱帶花梨木雕刻的大象裝飾品。一個比較不那麼嘈雜的夜市留存下來，必須與價格昂貴的酒吧街，及霓虹燈閃亮的卡拉OK歡唱店競爭。街上充滿著柴油氣味的卡車，載著來自中國各地的土產水果販售，煙霧把藍天汙染為灰色。

景宏新出現的榮景建立在政府大規模投資於交通設施建設的基礎上。在新建的高速公路把旅程時間縮短一半以上之前，從省會昆明沿著蜿蜒道路開來，需要十五個小時。我記得二〇〇三年春天，北京爆發嚴重急性呼吸道症狀群疫病（SARS），造成首都數百市民喪生，我躲到雲南來的艱苦旅程。在夜行巴士上顛波了一晚上，大清早，穿著防護衣的醫療人員擁上車，測量每個旅客溫度、噴灑消毒藥。那個時候，搭巴士比搭飛機方便，因為班機極少。今天，景宏市機場和省會昆明之間每天有四十次班機來往。景宏不再是在中華帝國被遺忘的角落，一個與世隔絕的邊城。

事實上，景宏自古以來勉強算是中國領土的一部分。這個西雙版納傣族自治州州治所在，住的是傣族。好幾百年來，西雙版納是「茶馬古道」重要的一站；所謂茶馬古道是穿梭於雲南和緬甸山區的騾子車隊走的小徑。這條「南方絲路」北向進入西藏和喜馬拉雅山麓，西向進入孟加拉和印度，南向進入中南半島。位於北方的中國，正試圖恢復這條貿易通路，想興建一個「經濟走廊」，從昆明連通緬甸、孟加拉和印度。景宏向這條古道的南段地帶：寮國、泰國，及其他地區展望未來。

雲南和大陸部分的東南亞有四千公里的共同邊界，規劃人員相信改善和它的連結，將培養新市場，帶來共榮互利。中國擴張進入湄公河盆地，和進入中亞一樣，是以國內政策成功做為基礎。回到二〇〇〇年，中國在當時仍然十分貧窮落後的華中、華西地區推動巨大的開發工作。「西進」政策專注在依然與全國其他地區隔絕的偏遠、經常無法住人區域，建設有效率的交通網。目標是打開內地、拓展國內貿易，並把內地和相當富裕的華東沿海地區連結起來。今天，華西各省已經透過公路及鐵路串連，國內貿易一片興旺。[3]

雲南在改善與中國其他地區的連結上面，進展神速，尤其是過去五年突飛猛進。二〇一二年，省會昆明市郊的大型新機場啟用。二〇一五年，已是全國旅客吞吐量第七大的空港，服務將近三千八百萬人次旅客，其中許多是國內遊客，前來來參觀中國最美的景色。做個比較，這一年經過昆明機場的旅客人數還超過德國柏林機場或美國紐瓦克機場。[4]毫無疑問，當二千公里長的上海—昆明高速鐵路通車時，還會有更多遊客湧入雲南探訪從白雪皚皚的山峰到熱帶叢林的形形色色美景。可是雲南還是受到內陸封閉地理位置的局限：離最近的國內主要海港是深圳，翻越險阻地形還有足足一千五百公里的距離。

雲南是中國第二窮省份，在全國的地位就好比歐盟內部的羅馬尼亞，或美國的西維吉尼亞州。但是比起它的鄰居，開發程度還是遙遙領先。以金錢數字而論，雲南居民的人均所得是寮國人或柬埔寨人的三倍左右。由於其鄰國的貧窮拖累了雲南本身的發展，北京規劃人員希望將「西進」政策擴大到此地。二〇一一年，他們選定雲南為進軍東南亞開發的「橋頭堡」。[5]「橋頭堡」是軍事術語，指的是掌控前線的碉堡，但是北京策略家用來形容區域門戶或地緣戰略中心。這個字詞經常出現在政府文書上，但並未直接譯為外文，顯然規劃人員也曉得它的涵義會令人不安。

「橋頭堡」策略契合一帶一路倡議，以及前任國家主席江澤民鼓勵國有企業「走出去」尋找海外新市場的指示。北京的觀點是，雲南建設硬體基礎設施推及到國境之外，將有利於本身經濟。如果他們能使雲南成為活力充沛的貿易區，將可帶動整個區域邁向更大的發展。這也是中國領導人提到「雙贏」外交和「共同命運」的部分原因。以寮國這樣一個蕞爾小國而言，很難抗拒中國推動的發展計畫。光是雲南一省的經濟就是寮國將近二十倍大。

寮國和柬埔寨的風險是，將成為經濟附庸國。兩國已經非常依賴中國的貿易、投資和財金援助。中國的太陽益發熾熱，它們即將成為中國太陽系中的衛星。寮國執政黨「寮國人民革命黨」的高階人員，與北方的共產黨表親合作密切。柬埔寨名義上是民主國家，但聲名狼籍的政府仰賴北京的重要政治支持，迴避聯合國企圖為遭到赤棉政權屠殺的無辜受害人討回公道的行動。柬埔寨樂於向中國報恩，已經遭到控訴，指責它是中國的扈從國家。中國加強對湄公河盆地的經濟掌控下，地緣政治的牽扯更加麻煩。

寮國[6]

寮國是全世界外交最消極的國家之一，近代史充滿著遭到外國干預的紀錄。[7]十九世紀末，古城鑾巴拉邦（Luang Prabang）遭到中國土匪「黑旗軍」洗劫。被法國拯救之後，寮國迅速被納編入法屬印度支那。殖民政府推行「傜役」制度，強迫每個男丁每年提供十天的勞動服務。一九五三年獨立後，寮國部分領土遭到北越侵略和占領，在越戰期間做為南侵的補給路線。從一九六四年至一九七三年，美軍B－五二轟炸機的空襲，造成寮國人民三十五萬人喪生，國家也得到一個人人避之唯恐不及的名稱：地球上被炸得最慘的國家。世人很難想像，落在寮國的炸彈比起第二次世界大戰期間整個歐洲挨的炸彈，數量還更多。

自從一九七五年以來，寮國受到共產黨政府統治，蔑視人權、罪惡多端，被控對少數民族苗族進行種族屠殺。寮國也是世界上最腐敗的國家之一，人民營養不良程度居高不下。做為東南亞唯一一個內陸國家，雖有豐富的礦產，又有巨大的水力發電潛力和肥沃的農地，寮國經濟十分落後。當然由於這些豐富資源，而非寮國的治理失能，吸引中國投資人的注意。中國與寮國人民革命黨維持良好關係，成為寮國最大的投資人和第二大的貿易夥伴。[8]

北京號召到境外開發得到雲南企業界熱切反應。要到寮國，投資人開車從昆明走花了四十億美元興建的全新公路「亞洲三號公路」，經過景宏再穿過寮國北部，通往曼谷。在中國這一邊，公路穿過種滿花梨木和桃花心木大樹的蔥綠山嶺。所有的農地都密集耕作，一排又一排的蔬菜整整齊齊長在秩序井然、有如兵陣的香蕉樹下。我看到路上很多卡車載著蔬菜和水果，有些車牌甚至顯示是由四千公里外冰天雪地的東北省份發出。勐臘是中國國境這一端最後的城鎮，雲南省政府正在此地關建占地四千五百平方公里的經濟特區，計畫發展為湄公河地區「全面交通中心」，加蓋一個新機場。[9]

我搭屬於雲南水力發電公司的順風車進入寮國，這家公司在寮國北部經營一座水壩。

湄公河及其流域有七十多項水力發電計畫，中國開發商及金融機構至少對其中半數有興趣。中國其他的投資項目五花八門，從營建、基礎設施到農業、礦業，無所不有：寮國有豐富的金、銅、鐵礬土、鐵、鉛、鋅砂和鉀的蘊藏。這些礦物資源大都還未勘察，寮國尋求中國的國有礦業公司進行詳細的勘察。中國的大型礦業公司全都到齊：中國鋁業公司和中國五礦集團公司全都來到開採銅礦；中國有色礦業集團公司則有一項鐵礬土計畫。

雖然北京提供相當大資金給昆明—曼谷高速公路，寮國這一段則部分由亞洲開發銀行管理。亞銀的大湄公河次區域計畫（Greater Mekong Subregion Programme, GMS）旨在透過升級交通連結，並於湄公河盆地主要城市之間建立「經濟走廊」來促進區域內貿易。雲南及鄰省廣西，以及寮國、柬埔寨、緬甸、泰國和越南都是成員。[10]亞銀的造路計畫得到北京熱切支持，因為理論上將使得貨櫃卡車可從雲南進出泰國及曼谷港。另一條公路朝向東南方，將連結起北越的河內和海防港。亞銀的參與有助於中國在本區域伸展勢力。

從邊境起，公路蜿蜒向南，穿過人豬共住的簡陋的木屋（在雲南，直到一、二十年前這還是常見的景象）。寮國境內的道路一般都是泥土路，雨季一到立刻變成一片泥濘。可是我們走在一條平坦的高速公路上，沿途都有極深的水泥溝，可以迅速排走雨水。[11]那天晚上在烏多姆賽（Udomxai），我發現為什麼了。為了找東西裹腹，我循著喧囂的笑聲找到一家餐廳，裡頭高朋滿座，淨是中國來的公路工程師。王曉（譯音）是雲南陽光路橋公司（Sunny

Road & Bridge Co.）的工程師，一邊忙著狼吞虎嚥燻魚和燻鴨，一邊對我說：「我們蓋的公路從這裡通到邊界。沒有我們，寮國沒法子開發。他們根本沒有錢。我們幫他們蓋公路，他們的政府向我們的銀行申請優惠利率貸款。」[12]

王曉和他的團隊去過巴基斯坦和衣索匹亞，調來寮國已經四年。他那些滿臉通紅的夥伴灌著雲南白酒，他告訴我：「這個國家很像非洲。我們出好價錢雇本地人工作，但他們動作太遲緩。他們不像我們中國人認真工作，因此我們只好大部分雇中國工人。中國人願意在艱苦環境下工作，因為他們一心一意要讓家人過好日子。」他說，他們下一個任務是重建通往鑾巴拉邦滿是破洞的舊路；位於湄公河岸的鑾巴拉邦是佛教聖地，以閃亮的寺廟聞名。我很懷疑鑾巴拉邦的和尚會歡迎這個開發案，他們對喧嘩嘈雜的中國遊客和不洗澡的西方背包客早已不勝其煩。

將來的旅客可以在一天之內奔馳一千公里，從昆明直達永珍（Vientiane）。中資企業已經忙著改造這個原本沉寂的寮國首都的天際線，大肆投資興建購物商場和旅館酒店；他們甚至控制全市殯葬業。[13]然而，目前寮國最好的公路折往西邊，朝向泰國邊境。直到二〇一三年十二月，昆明—曼谷公路這一段到了湄公河畔（泰、寮界河）突然中止。卡車必須將貨櫃卸下，放到船上，費時費錢。但是北京部分出資，新蓋一座五百公尺的大橋，已經創造一條可行的交通路線。亞洲開發銀行副總裁葛洛夫（Stephen Groff）在通車典禮上說：「這座橋把兩頭串連起來。基本設施全部到位後，這個走廊成為區域貿易、旅遊和投資帶動者的潛力就能實現。」[14]

這只是計畫。我在大橋通車後幾個月到了現場，沒看到一輛卡車開過嶄新的海關檢查站。[15]中國本身的開發經驗代表它對以投資帶動成長有極大信心；但是「先建造好，他們就會來」的哲學出了國門似乎就不太靈光，特別是在人煙稀少的地區。公路開啟了和泰國貿易的機會，但很少有中國卡車會一路開一千八百公里，從昆明到泰國，即使他們將來可以獲准入境泰國；何況目前泰方還未開放。區域陸路貿易若要起飛，大湄公河次區域國家將需要簡化海關程序，統一物流標準。軟體到位之前，基礎設施硬體的運用不會太大。

中國在本區域的野心超乎興建公路：希望建造一條「高速鐵路」，沿著大陸東南亞的脊梁，由昆明直通新加坡。光是寮國這一段估計經費需要七十億美元，大約是寮國一年經濟總產值的一半。從中國邊境到永珍的四百一十七公里路線，將有一百五十四座橋梁、七十六處隧洞，可能需要五萬名工人——絕大多數工人要由中國引入。北京熱中蓋這條鐵路是因為交通便捷後，有利進入泰國和馬來西亞的消費者市場。另外也有可能從曼谷前進，連結到由泰國投資、在緬甸南部土瓦（Dawei）興建的深水港。寮國政府方面也相信這條鐵路將帶來貿易、投資和經濟開發，更不用說那代表現代、進步的白色子彈列車。

這個項目先在二〇〇九年達成協議，但是寮國段於二〇〇一年推遲了。中國鐵道部部長劉志軍涉及貪瀆在這一年被捕，中國全面重新檢討鐵路政策，尤其是劉志軍鍾愛的高鐵興建。中國國企開發單位懷疑它的經濟可行性。同時，案子在寮國國會延擱下來，國會對於龐大的償債成本相當顧慮，更怕對老百姓不會帶來太大福祉。反對派指出，寮國勢必將以未開發的礦物資源做抵押，向中國貸款。如果以讓渡採礦權給中國公司做為償債財源，鐵路可能成為將財富運送出國的輸送帶。

有北京強大支持，這些憂慮被擱置到一邊。鐵路興建案終於在二〇一五年十一月獲得通過，次月立即動工興建。根據最後定案的協議，百分之七十的投資來自中國，其中大部分是由中國進出口銀行提供融資。這條鐵路由以中國中鐵公司為首的財團承建，預定二〇二〇年完工。寮國人口六百八十萬，百分之八十靠務農為生，人均所得不到二千美元，很明顯無法拒絕中國的提議，即使有未來數十年財政完全被中國控制之風險。寮國政府認為，未來的成長繫於成為湄公河區域內的轉運中心。[16]

這條鐵路將與中國興建的另一條永珍—曼谷鐵路銜接。這個建案是耗資一百億美元在泰國興建八百六十七公里鐵路計畫的一部分，經過多年為財務安排奮鬥之後，終於在二〇一五年十二月簽約。[17]中國公司負責承造，而經費主要來自銀行貸款。和在寮國的部分一樣，客運列車平均時速約一百六十公里，貨運列車則限在時速一百二十公里，因此這條鐵路最多只能說是「中速鐵路」。如果最後銜接到新加坡，從昆明到新加坡只需一天時間。

中國四處興建硬體基礎設施，對東南亞地緣政治將產生深遠影響。澳洲國立大學教授韋德（Geoff Wade）說：「在以昆明為中心的高速鐵路網、新建公路和電信設施驅動下，再配上中國與大湄公河地區蓬勃的經濟來往，大陸東南亞正處於與海洋東南亞脫離的過程當中。」他預言，鐵路甚至會造成東協國家的斷層。[18] 這個立論可能說得太過分，但是中國正在加強對本區域的控制則是不用懷疑的事。

到了現場，情勢尤其清楚，中國投資人日益增多。烏多姆賽的芒賽（Muangxai）是寮國北部最大城市，中國僑民占全市居民百分之十五。第一批中國生意人於二〇〇〇年遷入，但是由昆明過來的公路通車後，他們的人數迅速膨脹。我在二〇一四年中國農曆新年後不久到訪時，許多大宅子門前都貼著鮮紅色的春聯。中央市場分為兩區，有一區全是拿湯匙吃湯麵的本地商販，另一區則是用筷子吃麵的中國商人。隔壁是本市最大的超級市場，由來自溫州的一對夫婦經營。店東坐在堆滿中國貨的架子前，以浙江腔告訴我：「家鄉的日子不好過。這裡競爭少，生意好做多了。」

路上再過去一點，過了賣中國摩托車的店家，川芒酒店（四川—芒賽酒店）是本市最高檔的旅社。我和東主站在擺滿中國雙喜牌香菸的玻璃櫃前聊天。王新明（譯音）告訴我，他是如何接受在寮國一家中國人摩托車廠工作的朋友之勸，舉家遷來的經過。他說：「在寮國投資比在中國成本高了不少，因為大部分建材都需要從中國運來。但是我們生意不錯，酒店幾乎天天客滿。」愈來愈多客人是開車來度假的中產階級城裡人。常聽到前往鑾巴拉邦的遊客抱怨，中國人開著休旅車穿過狹窄的街道，不時猛按喇叭要行人讓路。

王新明熱切支持蓋鐵路，認為可以帶來更多觀光客。他說：「通往邊境的路彎彎曲曲，太慢。鐵路快多了，也更方便。對生意很有幫助！」但是批評者認為造價太高，會壓垮經濟，而且對環境的衝擊也不清楚。中國企業也想開發鐵路沿線土地，目前非法濫砍林木已經很嚴重。寮國北部沿著主要公路兩側的山嶺，原本茂密的熱帶森林已被砍伐殆盡，換成橡膠樹。許多橡膠樹林由中國橡膠大王擁有。寮、中邊界，海關看板張貼走私客被銬上手銬、低頭、蹲在地上的照片，他們旁邊的卡車就載著盜伐的桃花心木和梨花木大樹。寮國試圖緊縮原木生意，但是熱帶木材到處買得到。酒店東主王新明很驕傲地告訴我：「我酒店裡所有的家具都是上等桃花心木做的。」

對許多中國民間投資人而言，寮國最大的吸引力是土地低廉、肥沃。川芒酒店有一群客人是從四川來尋找商機的旅客。有位余先生說：「我從網路上讀到一篇有關寮國的文章。我們想要投資農業，種西瓜或蔬菜什麼的，養雞也可以。今天下午我們才和省政府官員見過面。他們對中國投資人很友善。」寮國一般老百姓對中國投資人就不是這麼有好感，就是這種創業精神嚇壞了亞洲各地人民。中國投資人帶來寶貴的資金、技能和技術，但是他們也帶來競爭。

中國農民在寮國發現機會無窮。在移民關口排隊時，來自陝西的一個西瓜農夫，咧著滿口煙牙齒的嘴，笑咪咪地對我說：「這裡一畝地一年租金只要幾百塊錢人民幣。」他說，他的夥伴駕著卡車把蔬果運回西北老家。像這樣的農民帶來許多寮國欠缺的東西，如灌溉系統、肥料、殺蟲劑和農業管理，也雇用許多本地人。但是大型投資人喜歡拿下土地租用權後，只雇用少許本地人。產品可以採收時，便在現場包裝好，以卡車載過邊界、送回雲南，大部分的利潤在昆明收下錢。並不是所有的投資都受到同等歡迎。

小型投資人一般把他們的蔬果賣給貿易商，貿易商再運送到中國各地市場。他們接觸類似費效東（譯音）這樣的人。我從景宏到中寮邊界的巴士上遇到費效東。小費是個剃光頭、大腹便便的胖子，手上拎的鱷魚皮手提箱、那小鱷魚的頭還貼在上頭呢，箱子裡是一堆現金。他在一家物流公司上班，公司在毗鄰緬甸邊境的瑞麗和數千公里路之外的新疆省會烏魯木齊都有辦事處。他以東北腔朝著他的iPhone喊了一連串數字和地名：「廈門、杭州、瀋陽、北京……好，好，我會問昆明要多少錢，但是恐怕要多花幾千塊錢。」有個同事開著四輪驅動車來接他，車子掛著黑龍江省的車牌。他說：「我們經常過邊境去。」

從邊界開過去，不到幾小時車程，就是號稱「金三角」的寮國、泰國、緬甸三國國境交界處，我在這裡看到中國投資人種植香蕉。這個地方惡名昭彰是因為有人非法種罌粟花；不過本地合法農場已具工業生產規模。搖曳的樹枝上有些不自然的藍色。中國農民用藍色塑膠布包上、一則防止蟲害，兼可鼓勵水果成熟。他們鋪設水管網路澆水，而且分區種植，各區以中文做標示。如果需要證明農場主人是哪一國人，只要看看樹邊停的休旅車掛了雲南省車牌就知道了。

事實上，中國在寮國影響力日益壯大，最明顯的跡象莫過於金三角，不同的投資人在遠離國界之外開闢出小中國。「金三角經濟特區」在湄公河岸占地一百零三平方公里，與泰國、緬甸隔河相望。雖然屬於寮國領土，卻以九十九年為期租給中國，區內享有免稅優惠。特區裡最醒目的是「羅馬大王賭場」（Kings Romans Casino），一座具有金色屋頂和巨型霓虹皇冠的建物。特區裡每樣東西，從鋪地的石板到非官方的保安隊，全由中國進口。羅馬大王賭場雇用四百噸的駁輪，從景宏順著湄公河運來建材，泊靠在特區私有碼頭上。酒店和餐廳只收人民幣，手機網路由中國移動公司提供服務。特區按照中原標準時間營運，換句話說，工作人員必須比當地時間提早一個鐘頭作息。[20]

金三角還有其他許多賭場服務中、泰賭客，泰國官方還未開放賭禁，他們在泰國不能盡興豪賭。羅馬大王賭場是最大、最豪華的一家，綽號「湄公河的澳門」。在大理石大堂裡，賭客把人民幣和泰銖擺到綠絨檯面上盡興地玩。大部分中國客人是到泰國旅遊，再跨湄公河而來此地朝聖，但是今天已經有愈來愈多人從雲南開車，沿著新建的高速公路南下。羅馬大王賭場以寮國名字Dok Ngiewk Kam在香港註冊登記，但是外界對這家曖昧的公司所知不多。[21]這個集團在中國人控制的緬甸撣邦（Shan State）邊城勐拉（Mongla）經營另一家賭場。撣邦是由叛軍佤邦聯合軍（United State Wa Army）控制，獨立自治的一個省份。金三角地區其他賭場以替毒梟洗錢遠近馳名，更不用說有些賭客欠下賭債、還不了錢，屢傳「失蹤」事件，使它益加令人側目。羅馬大王賭場聲稱在寮國的營運是合法事業，二〇一五年把過去五年積欠的稅款六百三十萬美元上繳給寮國政府。[22]

羅馬大王賭場集團董事長趙威（譯音）是東北人，他想在叢林中創造出不只是賭博王國的新天地。經濟特區裡有個中國城，具備超級市場、麵館、專收員工子弟的一所全新的「寮中友誼學校」，還從五台山請來和尚主持中國佛寺。有位穿著袈裟的老和尚說：「將來這裡會有三十位僧人。」[23]但是我發現整個場地典型地攙雜了中國巨大的野心和湊合的裝置。中國城「傳統的」建築物是水泥樓房、鋪上假磚。卡拉OK歡唱歌城裝潢像一座皇宮，還布置一批褪色的赤陶衛士守護，比起兩千年前的古物遜色太多。沿著湄公河畔，在棕櫚樹下搭起蒙古包，還懸掛中式燈籠。整個場地給人感覺，好像是破敗的度假區，只剩下一座光鮮的大賭場。

甚至特區裡的賣春女郎都由中國進口。寺廟轉角，我發現一棟號稱「百花街」的大樓（中國人習於把妓院稱為「花街」），裡頭有好幾家馬殺雞店。基於調查研究之需，我和「火鳳凰」和「藍月」這兩家的小姐攀談起來。來自廣西省的一名妙齡女子正在為晚間上班化妝，她說：「我可以為你按摩，你想要別的服務，也可以。」有位皮膚黝黑的雲南姑娘長相像緬甸人，但堅稱她是「純種中國人」。她屬於景頗族（Jingpo）少數民族，緬甸人稱之為喀欽族（Kachin）。她落落大方地表示：「我可以到你房間陪你，只要一百元（約十五美元）。」我猜想夜裡到旅館，雖然房間發霉和蚊子肆虐，也比擠在破爛宿舍裡要好吧。我問她：「這不是很便宜嗎？」她回答說：「比起瑞麗，已經貴多了。」她指的是雲南邊境那座聲名狼籍的城鎮。

離開特區時，我經過一個停車場，停滿來訪「貴賓」的汽車：好幾輛悍馬、一輛賓利，和兩輛加長型轎車，用來到景宏或此地南方約一小時的會曬（Huay Xai）機場接運貴賓。如果一切按照趙威的計畫進行，以後就不用這麼麻煩了。金三角經濟特區的規劃藍圖是，預計中國賭客紛湧而至的潛在需求極大，他將蓋一座國際機場，方便豪客由昆明和上海飛來。羅馬大王賭場一位職員指著兩部在整地預備蓋跑道的挖土機，告訴我：「這將是寮國最大的機場。」機場是趙威興建可容五萬居民的迷你中國殖民地宏偉計畫的最後一塊拼圖。

寮國人對於中國的影響力如此快速崛起有什麼想法呢？中國經濟勢力伸進來也才不過十年出頭，但是觸角已經快速長得又長又粗。越南和泰國傳統上是寮國最大的外來投資國，但是中國在二〇一三年已經超越他們。寮國政府數據顯示，到了二〇一五年，中國在寮國累計投資金額已超過六十億美元，但實際數字肯定更高。[24]寮國既低度開發，又人口稀少，因此中國的投資和移民有極大的發展空間。如果寮國政府確保中國的資金、技術和專門知識助益本地經濟，將會是寮國脫離貧困的門票。但是這裡頭不排除真正的危機，中國公司可能把寮國吸乾榨盡，搶走礦產、破壞地貌、宰制貿易。

過去寮國政府非常歡迎中國投資，但是如果本地人的怨恨升高至政治不穩定的地步，這一切都可能改變。已經有跡象顯示，寮國人民革命黨正在重新評估和北京的關係。二〇一六年一月的人事異動，已有多位被認為與中國關係太近的高階官員下台，其中包括黨的總書記和負責督導寮、中鐵路項目的副總理。華府智庫戰略及國際研究中心資深研究員海伯特（Murray Hiebert）說：「民眾及黨員已經感受到焦慮，認為已經下台的領導人近年來太倚賴中國。」他認為寮國人現在可能會轉回頭，傾向傳統的撐腰者越南。[25]二〇一六年，歐巴馬也成為第一位踏上寮國領土訪問的美國總統，同時華府正在加強在東南亞地區的笑臉攻勢。

北京對其鄰國的經濟影響力正在增長，但是必須小心翼翼維持友好關係。這也是為什麼「橋頭堡」戰略充滿軍事意涵，卻必須努力強調「睦鄰」。北京對其西南地區鄰國所用的外交詞語，比起針對南海各國動輒疾言厲色的口吻緩和得多。如果北京的戰略成功，中國的東南亞重心將持續向北移動。但是中國經濟帝國大擴張下，寮國很有遭到吞噬的危險。

柬埔寨

柬埔寨和中國並無邊境接壤，但是也被吸進中國的勢力範圍。[26]北京在這個人口一千五百萬人的小型王國，外交影響力極大，以致於批評家把柬埔寨貼上中國代理人的標籤。柬埔寨的進口有三分之一依靠中國，另外和寮國一樣，靠中國替它建設公路、橋梁和水壩。可是中國的影響力並非善意：支持總理韓森（Hun Sen）拒絕逮捕被聯合國指控在波帕（Pol Pot）政權下屠殺人民的領導人之決定，中國公司也毫不遲疑與柬埔寨腐敗的企業菁英合作。這種外交在由政府扈從主宰的威權國家相當有效，因為它們的公民社會不是很弱，就是根本不存在。但是自由國家根本不會相信，中國真心要在亞洲地區建立「命運共同體」。

北京長久以來就在柬埔寨熾熱的首都金邊有極其強大的影響力，但是究竟強大到什麼地步，世人要到二〇一二年才完全瞭然。柬埔寨主持當年的東南亞國家協會峰會，拒絕支持其他會員國譴責北京對南海主權包山包海的聲索。談判破裂，東協峰會有史以來首次無法發表聯合公報。批評者把柬埔寨貼上中國的傀儡的標籤。本地區有位外交官員說：「中國收買了，就是這麼一回事。」[27]柬埔寨長期以來的領導人韓森憤怒地否認此一指控。他早先就宣布，柬埔寨「絕不會被任何人收買」。[28]

實情是柬埔寨極端依賴中國的金援。中國在柬埔寨的累積投資金額於二〇一五年超過一百億美元，占所有國家在柬埔寨投資總額的三分之一，而且是第二位投資國南韓的至少兩倍大。[29]中國的工廠主宰了柬埔寨的成衣和製鞋業，據說每三條路就有一條由中國人興建，而且中資企業投下將近二十億美元蓋了六座水壩。二〇一三年，中國進出口銀行貸款十七億美元給中國石油化工公司（簡稱：中國石化）和柬埔寨石化公司（Cambodian Petrochemical），興建柬埔寨第一座煉油廠。[30]中資企業在銀行金融、農業、觀光旅遊、礦業、不動產、交通和電信等方面，也有廣泛的投資。離開金邊機場的公路矗立著中國銀行的巨大看板廣告，也就不足為奇。

中國最大的潛在投資案還在繪圖桌上。二〇一二年，中國中鐵公司簽訂一個九十六億美元的項目，要建造一條四百零五公里的鐵路和海港。[31]它的合夥人柬埔寨鋼鐵礦業集團（Cambodia Iron and Steel Mining Industry Group）是一家神祕公司，註冊東主是三個華人兄弟。柬埔寨鋼鐵礦業集團董事長張泉利（Zhang Chuanli，譯音）說，這條鐵路將銜接海港和一座新鋼鐵廠，鋼鐵廠本身將另外斥資十六億美元興建。這將使得柬埔寨可以利用其尚未開採的鐵砂資源和出口鋼鐵。中國中鐵公司近年的年報並未提到這個項目，但是若真正進行的話，將是中資企業在海外進行的最大的基礎設施項目之一。

中國資金滾滾而來，中國文化也無處不在。華僑在柬埔寨立足的歷史悠久，但是新一波創業家被堪稱東南亞最開放的經濟體之商機吸引，陸續湧入。金邊的商店、酒店、企業，甚至街道標記都是中文。中文學校林立，既收講中國話的學生，也收說高棉語的學生學普通話。中國農曆新年不是正式節日，但是春節期間首都實際上停止一切活動。我發現全市很多人家大門貼上中文書寫的春聯：迎春納福。

中國新到的移民認為在柬埔寨很受歡迎，其實許多高棉百姓對他們並不是那麼滿意。尹先生在金邊中國商店和餐廳匯集的一條大街經營一家超級市場。他說：「我們在這裡沒被當作是外國人，因為我們中國人對這個國家貢獻極大，替他們建公路、造水壩。」他告訴我全市有六萬名華裔柬埔寨人，很多已是第三代僑民，另外還有五萬名在過去十年左右來到柬埔寨的中國人。他站在米酒架旁邊，猛抽著中國香菸，一邊對我說：「我知道這個數字，因為我們經常在大使館聚會。光從我老家浙江那個縣就有三千人來到此地。」[32]

北京透過資助興建迫切需要的基礎設施，替尹先生這類的中國移民鋪平道路。柬埔寨二〇一五年人均國內生產毛額區區一千一百六十八美元，在東協十國墊底，比緬甸還不如。[33]中國是柬埔寨最大方的外援捐助國，二〇〇九至一三年間給的贈與款和優惠貸款就將近十五億美元，比起聯合國、世界銀行、亞洲開發銀行和其他多邊金融機關加總起來還要多。[34]西方的捐助國和開發銀行常以侵犯人權和貪瀆橫行為理由扣住資金，中國卻一再慷慨解囊。二〇〇六年，韓森就讚許中國的做法：「中國多做少說。」說這話時，他笑納北京給的六億美元。[35]

這是一般庶民共同的感受，就連受過西方教育、不是天生同情中國人做生意手法的柬埔寨人，也有相同的想法。范維奇（David Van Vichet）出生在金邊，但是在波帕部隊占領金邊之前一週逃亡出城。他父親是憲兵隊長，深怕發生不測，安排全家逃難。他自己留下來，後來被殺害，是波帕把國家改名「柬埔寨民主國」，自任總理四年期間屠殺一至三百萬人當中的一條幽魂。范維奇以難民身分在法國住了十年，然後移居新加坡，後來到聯合國上班。今天，他是柬埔寨商務部顧問。我們在豪華的法式西餐廳「官邸」（La Residence）一起吃晚飯。餐廳位於一座大宅院，一九九七年韓森發動政變，趕走和他並任總理的拉南里德（Norodom Ranariddh，譯注：施亞努親王的兒子）時，曾經毀於砲火。

范維奇剛陪政府部會首長和商人訪問美國回來。他說明柬埔寨是如何渴望爭取美國投資，可惜歐巴馬政府沒有回應。他回憶二〇一四年韓森訪問華府，只有一個訴求：「柬埔寨希望當朋友。」但是卻被奚落柬埔寨的民主有瑕疵，人權紀錄可怕。「人權觀察組織」（Human Rights Watch）東南亞部主任羅伯茲（David Roberts）形容，柬埔寨政府是「隱含共產主義的自由市場國家，由一個相當威權主義的聯合政府打著外表民主的旗幟統治」。當然，中國完全不介意。范維奇告訴我：「中國來的時候，帶著支票簿；但是西方人來的時候，附帶一大堆條件。」他一邊吃著熏魚，一邊說：「如果你是柬埔寨政府官員，你會覺得他沒有大腦。」

我從席發納博士那裡聽到相同的意見。席發納是留美回國的律師，曾經在聯合國任職，也在二〇〇四年負責領導柬埔寨加入世界貿易組織的談判。我到他位於金邊上城的律師事務所拜訪他，發現他衣著奢華。他告訴我：「我是美國公民，本地人認為我太美國化，打領結，穿吊帶褲。」他快言快語告訴我：

但是我批評美國不遺餘力。我以前強烈地替美國的民主政治辯護，可是現在卻覺得成長和就業應該優先。我經歷過殺戮戰場。我最不願見到的就是這裡再鬧一場革命。我可不願子女遭逢大難。

他又說，和中國密切合作吻合柬埔寨的國家利益。他說明柬埔寨政府是如何受夠了華府批評者的霸凌，這些人根本不了解為何成長必須擺在第一優先。北京則充分了解。他說：「嚴峻的現實是，我們每年必須給進入就業市場的三十萬青年找到就業機會，這需要在交通建設、發電廠和工廠方面大舉投資。」

這要從哪裡來？大部分來自中國和日本這兩個地方。其他國家根本就是笑話，吧啦吧啦從各個機構抄來一堆報告，沒人要讀的。聯合國、世銀、亞銀，無一不是。我們已經厭倦剪剪貼貼的顧問報告，根本沒有價值。

他說，柬埔寨不是中國的跟班，只是隨機應變：「我們需要朋友，而中國湊巧是有錢的朋友。」

可是柬埔寨菁英為何熱中與中國合作，還有一些不太光彩的原因。柬埔寨威權主義、恩庇盛行的經濟，靠的就是扈從資本主義在推動。即使西方的援助也經常透過軍方管道，豪門巨室與政府維持密切關係。執政黨「柬埔寨人民黨」發放商業特許、土地特權和政府官職給企業大亨和投資人，他們再把錢輸送回去給恩公。二〇一五年「國際透明組織」（Transparency International）的貪腐感受指數，把柬埔寨列為全東南亞最貪腐的國家。全球一百六十八個國家，柬埔寨與非洲的辛巴威、蒲隆地並列第一百五十名。然而，中國投資人非常樂於照這個規則玩遊戲。[37]

和東南亞地區其他許多國家一樣，柬埔寨許多商業大亨是華裔，這一點很有幫助。以柬埔寨首富陳豐明（Kith Meng）為例，柬埔寨的湄公銀行董事長形容他是「最無情的黑道人物」。[38]身為「皇家集團」（The Royal Group）董事長，他和中國銀行界有相當密切關係，而集團事業遍及電信、傳媒、銀行、保險、度假村、文教、不動產、貿易和農業等領域。二〇一〇年，皇家集團從中國銀行取得五億九千一百萬美元的貸款，拿部分款項來清償早先併購柬埔寨主要行動通訊電信商Cam GSM時的融資。[39]然後，Cam GSM再和深圳的華為科技公司簽訂五億美元的夥伴合約，由華為供應器材和服務。[40]皇家集團也和中國的「瀾滄水力發電公司」（Hydro Lancang）合夥，在柬埔寨西北部斥資八億美元，蓋一座水壩，引起爭議。反對者聲稱，水壩完工後開始蓄水，將有五千人被迫遷村，而且西山江（Sesan River）和西里波克江（Srepok River）沿岸將有四萬人失去他們賴以為生的魚群。[41]

中國和柬埔寨的共生關係在相互政治奧援上表現得淋漓盡致，北京支持韓森拒絕讓聯合國的赤棉法庭繼續追究下去。中國過去支持波帕政府搞種族滅絕，它不樂見元凶遭到起訴是可以想像的。童年時逃避赤棉之禍、躲到美國去的學者伊耳（Sophal Ear）認為，北京的金援阻滯了柬埔寨的發展：「當柬埔寨遭到國際機構壓力，要求改善人權欺凌、貪腐、壓迫人民或濫用權力時，便轉向中國尋求財務支援。」[42]但是，當年因為中國支持赤棉而痛批中國是「萬惡之源」的韓森總理，現在卻說中國是「我們最值得信賴的友人」。[43]

柬埔寨投桃報李，也在外交上聲援中國，對北京所主張的台灣、西藏、新疆及南海等核心利益，莫不竭力迴護。二〇〇九年，二十二名維吾爾人為躲避北京指控他們涉及在新疆的暴力抗議之起訴，逃出中國，到柬埔寨尋求庇護，金邊當局把他們遞解出境、送回中國。柬埔寨得到十二億美元的贈與款和優惠貸款，由時任國家副主席的習近平親自送上門。所以二〇一二年東協峰會上，柬埔寨全力擋下越南和菲律賓要求譴責中國南海立場的提案，也就絲毫不足為奇。金邊持續呼應北京的主張，認為領土爭議應由雙邊談判解決，不該透過國際仲裁尋求解決。

即使親西方的在野黨「柬埔寨救國黨」（Cambodia National Rescue Party, CNRP）領袖蘭

西（Sam Rainsy），也支持與中國維持密切關係。二〇一四年一月接受電視訪問時，他直率地宣布救國黨是「中國的盟友」。蘭西說：「柬埔寨救國黨完全支持中國，對南中國海西沙群島和南沙群島的主權聲索。」他會這麼說，或許是受到高棉人本身長久以來即和越南人有領土爭議的影響。[44]

柬埔寨不和美國結盟，因為美國支持越南。中國的進駐是制衡越南（在柬埔寨）影響力所必需。現在，越南有許多盟友（美國和日本），以便對抗中國。但是柬埔寨救國黨與中國並肩站在一起。[45]同年稍後，金邊街頭抗議活動爆發出反越情緒，有一名男子被打死、商家遭洗劫，迫使越南工人逃跑。

儘管和中國有親密關係，柬埔寨並不願被綁住。二〇一二年東協峰會鬧出風波後，被國際批評者譴責甘於做中國的跟屁蟲、代理人、扈從和附庸，這些指控在一個長久有過遭遇殖民統治痛苦歷史的國家引起怒火。[46]過去幾年，柬埔寨已把和日本的關係提升到「戰略夥伴」地位，韓森也一再向美國示好。華府的反應小心翼翼，但是金邊盼望美國會一筆勾銷四億美元債務。身為一個又小又窮的國家，柬埔寨需要廣結善緣：完全依賴中國並不吻合最佳利益。席發納博士承認：「如果美國明天湊上來，我們會擁抱他、親吻他。」

政府也擔心國內升高的批評之聲。反中情緒在柬埔寨，沒有像在東南亞其他許多國家，如緬甸和越南那麼強烈。但是土地被中國投資人拿走，已經造成民怨。一九九四至二〇一二年，全國有八百萬公頃土地撥給外國投資人使用，中國人占其中過半數以上。分析家廖孟海（Lao Mong Hay，譯音）歎息說：「柬埔寨把自己畫到中國人的角落去了。他們的行徑愈來愈像當年的殖民者。」反對黨救國黨的國會議員宋柴（Son Chhay，譯音）指控中國剝削柬埔寨：「他們願意提供貸款給公路、橋梁和水壩，但是貸款必須經由中國公司，這等於剝兩層皮，使成本加倍，而他們坐享暴利。」[47]

老百姓關切中國人占走土地以及環境遭到破壞，幫助反對黨在二〇一三年大選出乎意料，贏得許多席次，即使韓森已施展手腳、操縱選舉。有一項估計指出，二〇〇〇年以來，超過五十萬名柬埔寨人失去土地。[48] 二〇一四年，在廓功（Koh Kung，譯音）地方興建觀光度假設施的一家天津公司的代表，和柬埔寨部隊一起遭到指控，指責他們破壞農作物、燒毀二十九戶人家的房子。[49]

中國人在森林茂密的西南部地區興建水壩，由於地方人士不斷抗議，城市青年在社群媒體上也鼓譟反對，項目被迫在二〇一五年停工。反對聲浪太大，政府也不敢讓中國分到更大塊餅而刺激民怨上升。密西根大學福特公共政策學院教授席歐希亞里（John Ciorciari）說：「國內反彈的風險是小國家不願被指稱是扈從的主要原因之一。」[50]

縱使如此，中國繼續提供其他國家難望項背的寶貴支持。韓森二〇一五年訪問中國，北京同意在金邊蓋一所新醫院，並撥贈人民幣十億元給一個大型體育館。雙方也同意提振觀光旅遊，二〇一四年有五十萬中國遊客到柬埔寨玩，柬埔寨當局希望到二〇二〇年能把陸客人數提升到二百萬人。[51] 他們又宣布將增進近年來已經增強的兩國軍方合作。北京已經提供軍事援助和器械，包括卡車、直升機和飛機，也替柬埔寨興建軍事訓練和醫療設施。二〇一四年，中國同意提供四百多個獎學金給柬埔寨軍官，盼望可以鞏固兩軍長期友好關係。

韓森總理熱切支持習近平一帶一路倡議，一點也不意外。柬埔寨政府顧問盼望會帶來中國更多投資。席發納博士說：「新絲綢之路是正面的，因為有助於帶來公路、港口和工業區。我們已有一份項目清單，這正是我們需要的東西。」問題在於下一波的中國資金是否將會負責任地投資，或是被政府扈從從中中飽。亞洲基礎設施投資銀行必須遵守國際金融界規矩，它的角色會有幫助。可是，政府和企業層面，文化若不徹底改變，某些錢無可避免，一定會被濫用。

目前，中國和柬埔寨菁英都很樂於攜手合作。可是，在北京推動一帶一路倡議時，必須小心不再重蹈在斯里蘭卡和緬甸犯下的外交錯誤。北京和當地腐敗的前政府之親密關係，已經傷害它的地緣政治地位。柬埔寨即使不完美，但仍是個民主國家，它的政府必須回應民意。韓森當政已經超過二十五年，他不會永遠當家掌權。中國也知道和一個國家太親近，可能令其他國家疏遠。譬如，在柬埔寨的勢力就深受越南忌恨。中國企圖擴張勢力範圍之下，國際政治將很難駕馭。

| 第四章 |

加州夢幻

中國如何「丟掉」緬甸

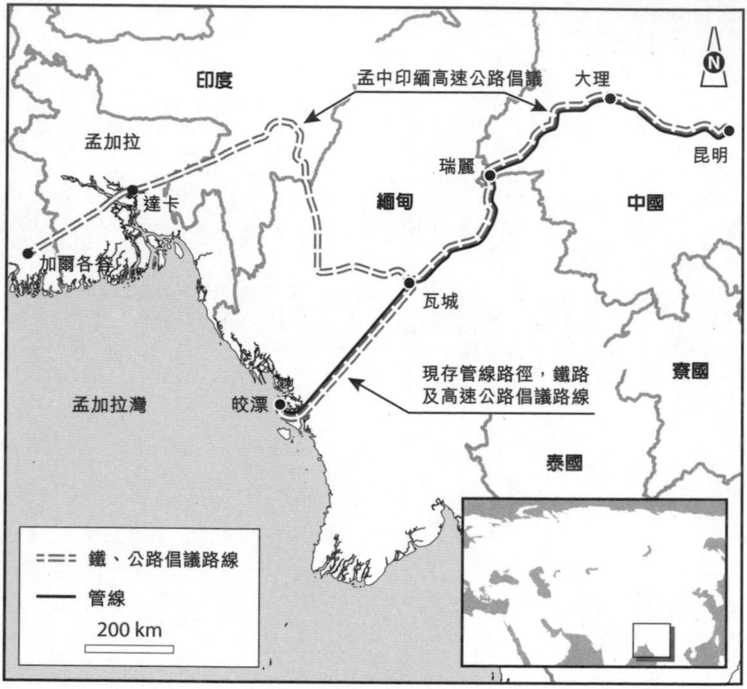
印度
孟中印緬高速公路倡議
大理
孟加拉
昆明
瑞麗
達卡
緬甸
中國
加爾各答
瓦城
現存管線路徑，鐵路
及高速公路倡議路線
寮國
孟加拉灣
皎漂
泰國
鐵、公路倡議路線
管線
200 km

孟加拉灣門戶

二〇一二年底，一則匿名簡訊像病毒般傳遍緬甸[1]：「中國人滾蛋！我們不怕你！」[2]這個抗議出現在統治全國近五十年的緬甸軍事執政團於二〇一一年自行解散後，旋即爆發一系列反中示威活動之後。抗議的主要目標是中國國有企業投資的一座巨型水壩、一座銅礦，以及兩條石油和天然氣輸送管。中資企業遭到指控的罪名是，沒有適度賠償失去土地的農民，破壞環境，洗劫緬甸天然資源。中國宣揚的，以兩個威權主義國家「兄弟」情誼為基礎的中、緬關係開始動搖。[3]

過去二十年，中國是這個貧窮國家唯一的友邦。西方對緬甸祭出經濟和財金制裁，北京則提供絕大多數的外來投資和進口軍火，力挺緬甸軍事政府。北京在聯合國安全理事會中不斷地保衛這個扈從國家不遭到國際制裁，就和力挺斯里蘭卡拉加帕克沙（Mahinda Rajapaksa）的濫殺無辜政權一樣。可是二〇一〇年大選後，也就是軍事政府展開一系列自由化改革之後，雙方關係迅速惡化。緬甸突然向民主過渡，為這個美麗但慘遭暴政壓迫的國度，帶來更大的言論自由，釋放出一股全民民族主義和反中情緒。緬甸準文人新政府希望鬆緩對中國的倚賴，捨北京而向美國及西方求好。當新任總統中止在北部地區，耗資三十六億美元的密松水壩（Myitsone Dam）興建工程時，中國分析家開始公開討論「失去緬甸」這個議題。[4]

當時，中國深怕這個往昔的盟國落入美國懷抱。在中國分析家看來，美國國務卿希拉蕊和歐巴馬總統相繼在二〇一一年及二〇一二年訪問緬甸，證明民主黨政府「轉向」亞洲的新倡議就是劍指中國，存心在中國的後院圍堵中國。[5]某些人甚至認為，緬甸從軍事獨裁過渡到初生的民主，其實就是一個陰謀，預備遏制中國愈來愈大的勢力。這裡頭有些是事實，譬如緬甸軍事領袖不願再事事仰北京鼻息。但是他們發動改革過程的最大原因，是要在國內自保，而非向華府靠攏。不論是什麼原因，中國逐步逼近，要從西南邊省蓋一條重要的交通幹線直達孟加拉灣之際，卻失去了特權地位。中國長期以來想要在西側海岸建立一個代理人，把緬甸變成「中國的加利福尼亞」（China's California）的野心，竟然受挫。[6]

今天，北京和奈比多（Naypyidaw）政府的關係仍處於冰霜期，可是緬甸對中國的地緣戰略重要性並未稍減。[7]「全國民主同盟」（National League for Democracy, NLD）二〇一五年十一月選舉獲得壓倒性大勝，使得緬甸五十年來首度出現文人政府之後，只剩下一個重大問題。如果在軍事領袖領導的政府下，雙方已經密切合作了二十年，都可以出現冰冷關係，北京要怎麼期待在世界著名的民主運動者翁山蘇姬領導的新政府下，重新取回影響力？

選舉前夕，中國的《環球時報》發出警告。社論直率表示：「沒有一個觀察家認為緬甸將會完全傾向美國，如此不智之舉，將會破壞緬甸從中國親善政策所能得到的戰略空間和資源。」又說，緬甸和中國的關係已「從特別轉為正常」。[8]《環球時報》是中國共產黨喉舌《人民日報》的姊妹報，具有強烈的民族主義色彩，喜歡招惹論戰，但是不代表官方立場。

即使如此，北京允許《環球時報》在平淡的中國外交世界扮演「黑臉」，說些謹言慎行的外交官不方便說的話。翁山蘇姬勝選後接受中國新華社專訪，她揮出直擊球予以回應。她正顏告訴中國此一官方通訊社說，她的政府將一視同仁，採取與所有國家，包括中國在內，友好的外交政策。她贊許習近平的一帶一路倡議，表示緬甸將歡迎中國人的投資。[9]

在實際現場這要怎麼運作，要視一大堆因素而定，不只是緬甸人民是否接受中國及其工程營建公司進駐的意願。中國的熠熠明星雖在東南亞興起，反中意識也深刻植入人心。緬甸政府擔心在中國追求其稱霸亞洲區域的大夢之際，國家會成為中國太陽系中的一顆衛星，像寮國和柬埔寨一樣。一般老百姓比較沒有想到地緣政治，他們比較關心失去土地和生計，遭到精明的中國生意人欺負。恐怕需要好幾個世代的時間，他們才會原諒中國與可惡的將領如此密切的合作。對北京而言，失去緬甸是個警鐘，提醒自己失去民心支持是很容易的事情。[10]

亚洲梦

反中情緒在緬甸根本不是新鮮事。中國和緬甸之間的關係既古老又複雜，充滿了手足敵意的愛憎交織感。幾百年來，曼德勒（Mandalay，華人稱：瓦城）的緬甸朝廷向中國皇帝覲貢，而緬甸長久以來視中國既為最親密的盟友，又是最大的威脅。

普通老百姓尤其有理由害怕。緬甸統治者一九八八年甩掉社會主義，換上崽從資本主義之後，中國就和令他們生活陷於水深火熱的軍事領導人密切合作。緬甸將領允許中國逐利商人能夠劫取國家的天然寶物，在大河築水壩，砍伐森林和開採寶石。中資企業和主宰緬甸商業的軍方集團合作，把農民趕離家園、掠奪本地資源。美國和歐盟在一九九〇年代末期對投資實施抵制之後，中國生意人更不再有競爭對手，但是他們也結了仇家。許多緬甸人責怪中國幫助軍事執政團。

中國投資人，包括由北京直接控制的巨型國有企業在內，把巨大的財富送進殘民以逞的專制者手中。最過分的案例就是巨大的密松水壩，這是由國企「中國電力投資集團」在靠近雲南邊界的邁立開江和恩梅開江兩河交匯處，要蓋的七座水壩中最大型的一個。謠傳在登盛（Thein Sein）總統的文人領導政府中轉身成為新國會議員的幾位將領，每人收下兩千萬至三千萬美元的賄賂，同意興建這座一百四十公尺高的水壩。二〇〇七年開工之後，這座水壩成為地方抗議的焦點。不僅產生的電力有百分之九十要送到中國，還將淹沒伊洛瓦底江一塊地區，偏偏緬甸最大族裔緬族人（Burmans）視之為他們文明的搖籃。[11] 社運人士也說，除了迫使將近一萬二千人離開家園外，水壩將會淹沒本地喀欽族人古老的廟宇和教堂。[12]

直到二〇一一年，中國電力投資集團的高階主管根本不理睬地方人士這些關切，中國官員也不理會緬甸全國升高的反中暗流。對中國人而言，要取消堪可媲美三峽大壩，能夠每年產生一千億瓩電力的項目，根本辦不到。但是當文人政府放鬆對新聞檢查的控制下，民眾的不滿環繞著密松水壩成型。在地方媒體支持下，抗議者訴諸民族主義感情，把反對興建大壩當作公民不服從的象徵。連遙遠的前首都仰光，街上汽車都貼上標語，宣稱：「我愛伊洛瓦底江。」二〇一一年九月三十日，登盛總統宣布大壩停工。這是極大的轉折點，代表文人領導的新政府不會忽視民怨，也不會容忍與中資企業勾結的項目。今天，大壩建築工地空蕩蕩，只留下少許百無聊賴的保安人員守衛。[13]

中國大為震驚，發現自由媒體竟然這麼快就可以打倒如此一個巨型項目。直到這一刻，在緬甸的中資企業一直不受輿論節制。可是，在外國招惹當地民怨，對獲得國家撐腰的中資企業而言，也根本稱不上新經驗。從非洲的加彭，到大洋洲的巴布亞紐幾內亞，不負責任的企業做法都曾經激生反中情緒的大反彈。縱使如此，緬甸是個近鄰國家，中國在此有更強大的地緣政治利益，會發生這樣的失誤，情勢更加嚴重。直到二〇一一年，中國把緬甸當作是通達印度洋的戰略走廊，也是在東南亞國家協會裡的傀儡。盼望緬甸能像中國的一個省份，讓它能暢通無阻進出西側海洋，現在已成幻影。緬甸老百姓因為有了言論自由，又有不受檢查的媒體在後頭助陣，膽氣大壯，決心不讓它實現。

中國發現在緬甸原本有利地位的最大威脅，並不是美國，而是輿論的力量。密松水壩不是唯一的例證。二〇一二年，抗議者的目標指向十一億美元的萊比塘（Letpadaung）銅礦，這是中國國有軍火製造公司「北方工業集團」旗下子公司投資的項目。社運人士和僧人占領銅礦數個月，直到警方動用催淚瓦斯和水槍把他們趕走。民怨如此之大，迫使翁山蘇姬出面主持國家級的調查。仰光居民王義方（Wong Yit Fan，譯音）曾任標準渣打集團（Standard Chartered）首席經濟學家，他說：「民情已經出現變化，對軍方的憤怒緩和下來，目標轉向中國。」中國國內沒有公民社會的經驗，中資企業的反應很笨拙。中國電力投資集團設立網站替自己辯解、宣傳，反而使密松水壩的緊張加劇。[14]

草根基層的憤怒非常普遍。金潼（Khin Tun）是中資企業聘請來，和憤怒的地方人士溝通的投資顧問。他說：「大多數緬甸人痛恨中國人。」大部分政府官員並不認同這種情緒，他們曉得緬甸別無選擇，必須和毗鄰的這個超級大國維持良好關係，更不用說那些大投資人和貿易夥伴。但是有位流亡、躲在泰國叢林多年的昔日異議人士，現在回來擔任登盛總統的顧問。他告訴我，中國必須處理它和軍方合作所製造出來的怨恨。他也提出警告，緬甸再也不會允許中國壟斷它的外交政策：

> 中國必須了解，地緣政治體系已經變了。我們仍然希望和中國友好，但是我們也希望和人人友好，包括美國和俄羅斯。沒有理由我們必須選擇只能跟誰友好。[15]

中國分析家起先認為「失去緬甸」是美國人的陰謀。耶魯大學中緬關係專家高登（Josh Gordon）說：「許多中國政策學者認為，美緬關係改善、緬甸啟動改革，以及中資項目在緬甸遭遇困難，是美國指使，要圍堵中國的陰謀。」[16]然而，過去幾年，中國終於了解，北京不是緬甸必須繞著運行的太陽。登盛總統那位顧問說：「認為（緬甸的）民主過渡和中國有關係，根本就是無稽之論。」他說，真相是軍方一直計畫還政於民，但需要設計一種能讓他們保留大片權力的政治制度。二〇〇七年僧人起事——被稱為「番紅花革命」（Saffron Revolution）——雖然失敗，將領們曉得時間不多了；他們趕快修訂新憲法，設置軍人保有相當大勢力的文人政府。總而言之，軍方領導人認為再不激烈改革，政府必將垮台，因此他們推出希望能夠保存實力的改革。在他看來，中國不是重要因素。

這幾年來，北京已經開始了解為什麼中國強大的經濟以及地緣政治野心，會在東南亞各地被視為威脅。緬甸絕不是唯一一個想要掙脫中國巨大吸力的國家。一帶一路倡議在密松水壩受阻之後兩年提出，目標之一就是說服中國的鄰國與它合作是互惠互利的事。北京也認知到必須管好中資企業。這些企業也開始了解，投資大把銀子並不代表就能為所欲為，企業必須和地方社群好好溝通。大型國有企業已加強企業社會責任做法，與民意溝通方面也有進步。有位英國前任駐緬甸高階外交官說，中國電力投資集團目前在緬甸的作業極為精細，為中國國企前所未有。[17]

很重要的一點是，中國也試圖扮演更積極的外交角色。二〇一三年一月飛往仰光的班機上，我坐在中國外交部副部長、前任駐英大使傅瑩女士後面幾排。這位灰髮的高雅女士戴著昂貴的珠寶，就坐在第一排A座，看來有點面善。我偷偷地看坐我正前方的一位代表，他正埋頭閱讀此行的準備文件，才敢確認她的身分。傅瑩在仰光機場受到制服胸前滿是勛章的將官迎接，立刻被送去和登盛總統討論雙邊關係，首要議題就是緬甸政府和少數民族叛軍在東北部喀欽邦的作戰。這次會議之後兩個月，中國指派前任外交部副部長王英凡為中國第一位主管亞洲事務特使，專注緬甸問題。這是北京十分重視在當地外交工作的明顯證據。

傅瑩到訪之前不久，中國剛斡旋緬甸政府和喀欽獨立軍（Kachin Independence Army, KIA）之間的和談，積極為雙方調停。布魯金斯研究所客座研究員孫雲（Sun Yun，譯音）說：「中國從來沒有過在另一個主權國家的中央政府，和地方叛亂團體之間的國內衝突事件，扮演如此公開的角色。」[18]雖然中國介入不同的邊境糾紛的確切性質朦朧不清，北京似乎頗有節制，沒有藉由支持喀欽獨立軍來尋求對付緬甸政府——並沒有接受中國比較鷹派的分析家如比的建議。二〇一五年另一個少數民族果敢人（Kokang）爆發叛變時，估計有四萬名難民湧入中國；這個族裔自認為是漢人的一支，中國的公民呼籲要支援他們，但北京並未接受。甚至當緬甸政府軍飛機闖入國境投擲炸彈，炸死四名中國老百姓，中國都沒有強烈反應。[19]

很重要的是，我們不要誇大中國在緬甸影響力殞落。它的星光在近年雖轉趨黯淡，但仍然是緬甸最大的外來投資國、也是最重要的雙邊夥伴。中資企業在水力發電、礦業、石油及天然氣等方面的參與仍然很大，在電信器材和不動產方面也舉足輕重。實情是，中國在緬甸的根遠非其他任何國家可及，也可提供緬甸大部分的需求：資金、基礎設施和廉價商品，緬甸也是個極大又方便的出口市場。西方的禁運抵制大部分取消後，外國企業得以進入緬甸相當大部分的經濟領域；但是未來幾年，緬甸的發電、石油及天然氣、製造和電信等方面，仍需要中國的專業知識。

二〇一三年初我到仰光時，緬甸這個悶熱的前首都起先仍讓人覺得和中國很遙遠。這是一個令人著迷的城市，人人面帶笑容，身穿赭紅色僧衣的和尚肅穆地走在街頭，而身穿沙龍的男人蹲踞在路邊喝茶，婦女臉頰上也塗抹著脂脂。[20]但是華僑在緬甸落腳定居已經有數百年歷史，仰光是個文化融爐：中國式佛寺和金色亭閣、印度教寺廟、穆斯林清真寺，以及豪門巨室破敗的華廈錯落交織。二十世紀初期英國殖民統治期間，仰光英文名稱為「Rangoon」，是全世界移民最嚮往的城市，比今天的紐約和上海還更繁忙。除了數百萬印度人之外，中國人從沿海省份廣東和福建一船又一船的抵達，前來開闢新天地。

中國人在此地的影響力有悠久的歷史，但也一直擺脫不了緊張的局勢。一九六〇年代，殘暴的軍事領導人尼溫（Ne Win）禁止外國人，包括許多世居緬甸的華僑，擁有土地及取得商業許可證，並且刻意煽動族裔仇視。一九六七年，仰光爆發反華動亂，華僑商店遭到洗劫和縱火；一所華文學校女學生們甚至被活活燒死。雙邊關係破裂後，中國公開介入緬甸的內戰。一九七〇年代，華人持續遭到歧視和砸搶，緬甸政府暗中鼓勵支持。一九八二年一道新法律進一步限制華人取得緬甸國籍，加快了緬甸華人流出國外的走勢。

一九八八年有些將領發動政變、推翻第一個軍事政府時，情勢大幅改善。新成立的軍事政府自稱是「國家法律暨秩序重建委員會」（State Law and Order Restoration Council），放鬆國家對經濟的統制，鼓勵民間企業成長及外人投資。華僑生意開始欣欣向榮，今天走在仰光或曼德勒街頭，舉目所及，許多企業是由與中國有關聯的商人擁有。本地人抱怨緬甸華僑企業的掌握日益增強。在仰光經營貿易公司的郭茱蒂（Judy Ko）說：「中國城已經擴張，超越其傳統界限。中國商人接管了全市市場攤位、小吃店和藥房。」她告訴我，第二代或第三代緬甸華人的親屬從中國和台灣湧入。她抱怨說：「他們賄賂移民官，或跟本地人結婚，以便合法買地置產。中國投資人湧入，把房價推升到瘋狂的價位，逼得本地人退出市場。」即使這個說法過於誇大，但認為中國人及其資金大量流入的觀念非常普遍。

批評者指出，官方的中國投資統計數字只見冰山的一角，二〇一五年累積總額達到一百五十億美元，不過每年流入數字自二〇一一年起即巨幅下降。[21]許多名義上的「緬甸」公司，真正出資的是中國人，有時候甚至是佤族毒梟的障眼法。其他公司屬於長期以來僑居緬甸的華人，最著名的一家公司名叫「亞洲世界」（Asia World），是緬甸最大財團，由走私海洛因遭判刑定讞的羅興漢創立。亞洲世界與佤邦聯合軍有密切關係，後者控制靠近中國邊境的地區，自成獨立王國。也是中國電力投資集團在密松水壩的本地合資夥伴之一。

絕大多數緬甸華僑出生在緬甸，但和東南亞其他地方的華僑一樣保有中華風味。族裔關係在緬甸有助於商業往來，在整個東南亞莫不如此。但是緬甸華僑和大陸投資人之間的文化差異相當大，其他緬甸人恐怕低估了這一點。在仰光，許多華僑屬於緬甸中華總商會。總商會執事告訴我：「我們來到此地已有一百多年。我們和中國來的非會員沒有接觸。我們保留華人風俗習慣，但是我們說緬甸話，是緬甸公民。」

文化上，仰光的緬甸華僑更接近於東南亞各國的華僑，而非中國來的新僑民，而且他們是否歡迎這一波中國新移民，也大有疑問。但是在緬甸華僑圈子裡，族裔關係非常重要。中華總商會位於可以俯瞰仰光河碼頭的一座大樓裡，會館裡有一面牆展示捐款人芳名錄。芳名錄上很醒目的是亞洲世界，在二〇一〇年捐了五百萬元（當時約值七十五萬美元）給總商會。緬甸人討厭中國公司扮演的角色，不論先來後到，我們不難理解其原因。

與中國的陸路貿易於一九八八年重新開通後，緊張又開始升高。對於中國資金流入感到焦慮，在北部最明顯，尤其是與中國邊境毗鄰的地方。根據一項估計，光是一九九〇年代就有三十萬人由雲南移居到曼德勒，中國人占全市人口三分之一左右。可是曼德勒的中華會館說華僑人數穩定，只有五千戶，將近五萬人。想要確定有多少中國人真正住在曼德勒，是一項不可能的任務，特別是異族通婚更難界定「中國人」的真正意義。對緬甸北部邊境貿易和移民夙有研究的投資顧問凱勞德（Roman Caillaud）說，一般的估計幾乎肯定都會誇大。

曼德勒是緬族人的文化中心，緬族人占緬甸全國人口三分之二。本地人抱怨曼德勒已經被中國移民淹沒。他們談論外來的生意人讓市場上充斥著偽劣商品，也責怪中國投資人掠奪他們的土地。他們說，曼德勒已經變成「中國城」。本地歌手林霖（Lin Lin，譯音）以他最受歡迎的一首歌「曼德勒之死」描述這個問題，Youtube上有十萬人點閱。他邊彈吉他、邊詠嘆：「來到這個城市的是什麼人？從東北來的鄰居／我感到羞恥、閉上雙耳／與陌生人交往混居／我們親愛的曼德勒已經死亡。」[22]

三十年前，曼德勒出名的是傳統的木屋建築物、蜿蜒的後街和發亮的金色佛塔。今天，經過中國人二十年的投資，像是典型的中國城市：寬敞的道路、醜陋的水泥房屋擺置在單調的背景下。原本雅緻的街道現在擠滿了亂按喇叭的卡車，車輛排出的廢氣令人難以呼吸。但是以東南亞最窮國家的一個城市而言，曼德勒卻是出奇的繁榮，二〇一二年一項調查發現，平均每戶人家擁有三輛摩托車。過去很少人喝酒，現在滿街都是啤酒屋。到了夜裡，男人弓身趴在桌邊喝酒，桌上滿滿啤酒罐和威士忌酒瓶。

曼德勒人口約一百萬，面積僅為仰光的五分之一，但是我到訪時，感覺比仰光富裕多了。路上絕大部分車輛是新車，而且店家生意繁忙。曼德勒富裕的原因很簡單：與中國貿易往來。從邊境的木姐（Muse，又稱：芒友）和瑞麗這兩個商品集散中心沿著滇緬公路開過來，車程十個小時。根據中方統計，雙邊貿易在二〇一五至一六會計年度的頭十個月，達到九十億美元，幾乎全經由陸路運輸。[23]但是真正的數字一定更大，因為許多商品是越境走私貨，包括玉石、原木、鴉片和安非他命等不法出口物品。

總部設在倫敦的環保團體「全球見證」（Global Witness）估計，光是二〇一四年一年，玉石貿易就達到令人難以相信的三百一十億美元，幾乎是緬甸全國國民生產毛額的一半。報告的結論說：「玉石生意是造成緬甸中央政府和喀欽獨立軍（喀欽獨立組織）之間最嚴重衝突的主要因素。[24]這些生意賺來的利潤很少嘉惠國家，大部分落到軍事菁英和毒梟大王口袋。礦災事故死亡很常見，販毒、賣淫更是司空見慣。擋住採礦業主財路的人不是土地被搶走，就是遭到武力脅迫恫嚇。

緬甸老百姓也可以從和中國做生意賺到甜頭，但是他們痛恨經濟必須如此依賴中國。從曼德勒到仰光，最大的抱怨之一就是中國出口爛貨：假藥、遭到汙染的食品，和動輒就破碎的商品。在西方國家解除貿易禁運之前，也買不到好貨；但是曼德勒的商店和市場仍然堆滿廉價的中國貨。曼德勒街頭的許多品牌都是中國貨：中聯重科公司的營造器械、宗申摩托車、海馬汽車、美的集團白色家電、華為手機、海爾冰箱。某個繁忙的十字路口豎立的巨型看板廣告，甚至宣傳有位整型美容外科專家袁醫師，在邊界另一邊的瑞麗行醫。

民眾痛恨中國人饕食鯨吞的情緒非常強烈。丁壽（Tin Soe）是城裡一家旅館的經理，告訴我他大部分客人是中國人。有些是中國石油集團油氣輸送管的監工，這條管線穿過曼德勒附近，通往中國邊界。其他人在玉石礦場工作。曼德勒的玉石市場馳名遐邇，旅館是尋找投資機會的理想據點。他說：「我們緬甸人不喜歡中國人，他們口蜜腹劍，臉上堆滿笑容，內心奸詐。」他又悲哀地加上一句：中國移民正在接管整個城市：「中國商人在瑞麗收買移民官員，准許他們入境在木姐安家。一旦取得緬甸國籍，他們就沿著滇緬公路南下，在曼德勒置產。」

據估計，華裔大概占不到緬甸人口的百分之四，在全國約五千二百萬人口中約為二百萬人。由於本地人分不清世居緬甸的華僑和近年來新到的中國人，甚至連根本不是中國人也搞不清，使得情勢十分複雜。一九九〇年代，來自佤族和果敢族的毒梟和玉石大王，把他們的不義之財投資在曼德勒，興建漂亮的別墅和購物中心。果敢和佤族不一樣，他們血統上屬於漢人，但住在緬甸已有好幾百年。可是許多緬甸人把住在邊區的所有少數民族，統統都當作

「中國人」。

從雲南來的中國移民最早在十九世紀末於緬甸北部定居。下一波移民發生在一九三〇年代，因為日軍向雲南節節進逼，而一九四〇年代國民黨部隊躲避共產黨追擊也退入緬甸。這些長期移民保持住許多中國風俗習慣，也往往團結群居。曼德勒的中國城，本地華僑家庭會在一九五三年完工的雲南展覽館和中國寺廟集會。傳統的飛簷門，上面有飛騰的金龍，是由雲南省政府出資修建——由此可見老關係一直維繫不輟。但是這些緬甸華僑一般都已整合進入本地社群，說本地話。

然而，中緬邊境陸路貿易重新開放後，他們的影響力益發上升。曼德勒華人家庭明顯多金招致本地人忌恨。一位緬甸華僑女孩在曼德勒市區家族經營的珍珠店上班，她承認：「沒錯，我們許多人比本地緬甸人富有。」她以南方腔的普通話告訴我：「但是我們勤奮才成功。我祖父母七十年前來到此地時，身無分文。」緬甸華僑不怕炫耀財富。他們開著日本製休旅車到高檔雲南館子吃飯；舉辦婚宴，賓客動輒成百上千人。中國農曆年之前兩個星期，城裡頭許多豪宅已經在大門張燈結綵。這家屋主肯定是華人無疑。

這些財富很多來自幫中國人打通在緬甸投資做生意的關節。語言障礙必須克服，投資法規十分嚴格，即使找對門路、花了錢可以過關。緬甸華僑擔任中間人，安排會談，代管資金非正式的流通。龍先生是來自湖南的一位礦業名人，他告訴我說，在緬甸做生意，若沒有緬甸華僑居中穿針引線，不可能做得成。他說：「你如果想投資，一定必須透過他們。他們掌握本地一切的關係，也可以擔任譯員。」一來自雲南省的另一位玉石商人也同意：「在這兒要成事，你必須和本地人合作。要和本地人合作，你必須找緬甸華僑合作。」

貿易由本地華僑家族、而非中國人控制。遠自廣東、福建來的卡車抵達瑞麗，但是所有貨品必須先卸下來，再轉到在緬甸登記的卡車上，才能跨過邊界。邊界兩側都有屬於少數民族的商人，如喀欽人（中國稱之為景頗人）和撣人（中國稱之為傣人），可以輕易過境。但是對一般中國生意人要出入境則限制頗嚴格。蕭先生是瑞麗的一個生意人，進口機械、玉石和紡織品。他告訴我，他的簽證允許他過邊境、卻不能回來。因此他必須從曼德勒飛到昆明，再回到瑞麗。繞這一大圈既花時間、又花錢，勞民傷財。他眼睛閃過狡黠神色，笑著說：「我只好想辦法囉。」

緬甸充滿了中國移民買下緬甸死者的假身分證件，成為歸化公民的故事。毫無疑問，這種做法今天還流行。但是某些大陸商人從黑市買緬甸公民身分證，只是為了方便出入境，容易做生意，並無意在緬甸定居。伐木、礦業和農業的投資人，典型做法是在曼德勒和昆明兩頭之間飛來飛去，兩地每天都有班機往返。我在中國農曆年前十天搭機飛離曼德勒時，機上擠滿了回鄉過年的中國生意人。

如果要在緬甸北部某個地方尋找「中國人人侵」的證據，非臘戌（Lashio）莫屬。臘戌是曼德勒和瑞麗之間最大的城市，著名的滇緬公路的起點。滇緬公路由緬甸及中國勞工在英國人指導下興建，於抗戰（一九三七至四五年）初期幫助中國政府取得物資、武器和食物的補給。今天，大部分生意走相反的方向。臘戌離邊界的瑞麗只有一百公里，是貨品由中國進來的第一站，也是邊境商人沿著現代化滇緬公路上下運送貨品的基地。

臘戌人口約十三萬，相當英格蘭的艾克瑟特（Exeter），各式各樣民族雜居。大約三分之一居民為華裔，幾乎全部源自鄰近的雲南。但是臘戌也住了緬族人和不少泰族人（緬甸稱之為撣人，雲南稱之為傣族人）。印度錫克族、穆斯林和印度人構成另一群明顯的少數民族，市中心有一座大型清真寺。各式各樣的山地部落民族（屬於緬甸政府正式承認的一百三十五個少數民族之一），每天進城在路邊賣豆子和蕃茄。

臘戌有個巨型的鋼筋水泥蓋的市場，攤商又蔓延到周邊的街道巷弄，在竹竿撐起的尼龍帆篷底下擺攤。他們賣各式各樣的水果、蔬菜、乾魚、辣椒、神祕的粉末、藥品和衛生用品、衣服、鞋子及包包，還有黃金、玉石和鑽石。中國農曆新年快到了，又跑出一些攤子賣鮮紅及金色的裝飾品，寫上中文「福」字的燈籠、春聯，以及可在新年點燃來驅邪的鞭砲。

除了他們本身的方言（某種雲南話的變體），臘戍的華人居民典型都說緬甸話和普通話，大部分人也說本地的撣語。幾個攤商告訴我，他們家人來自騰衝，滇緬邊境中國那一邊南方絲路上的一個舊驛站，那座舊驛站本身也是各色民族混居。臘戍的華人屬於邊境貿易的悠久傳統，產生複雜、多重的身分認同。

許多人是以歷史受害人的身分來到臘戍。七十歲的鍾先生賣乾蜴蜥和鹿茸等傳統中藥，一九四九年兩歲時就離開雲南老家大理。他的父親是國民政府部隊軍人，在共產黨節節勝利之下，帶著家人逃離故鄉。段女士賣的是繪了一雙金魚的中式燈籠，在共產黨當政後二十年父母為躲文革風暴，帶著還在襁褓中的她逃來臘戍。其他人則說不清、道不白。有個攤商勉強以普通話告訴我：「我們來這裡很久了。至少一百年，說不定三百年。誰曉得？」

我發現很難找到新移民，儘管在仰光和曼德勒盛傳中國人淹沒了緬甸北部。事實上，在臘戍，除了那些買賣的中國商品，看不到有什麼明顯現代中國的影響痕跡。中文招牌標示都以共產黨在一九五〇、六〇年代推行簡體字以前通行的繁體字書寫。如果說一九八〇年代末期滇緬公路重新通車以來，大陸移民大量湧入的話，這些人肯定會帶來簡體字。我也看不到有中國食物的跡象，反倒是有不少緬甸食物。如果中國人真的占領了臘戍，城裡的餐廳和街上的攤子一定會賣麵。沒有錯，臘戍的許多投資出自中國人，但是中國入侵的跡象在現場並不明顯。

痛恨中國經濟侵略曼德勒和緬甸北部的人，顯然把大陸生意人湧入和服務他們的緬甸華僑日益富裕混為一談。害怕中國投資人從邊界另一邊蜂擁而至，即將「占領」曼德勒，以及把滇緬公路沿線城鎮轉化為中國的據點，可說是過甚其辭了。曼德勒仍然一派緬甸風味，街道招牌不是緬文，就是英文，餐廳和攤販賣的是緬甸食物，絕大部分人是緬族。曼德勒的「外國」風味根本不及已開發世界許多城市，它們才真正有大量外來移民人口。

事實真相是，緬甸不需要害怕會被中國人淹沒，應該擔心的是中國的資金。緬甸的問題不是外國人湧入、占領，而是外國人拿到他們要的東西，然後揚長而去。大多數中國人來緬甸做生意，不是來異鄉定居。緬甸正在民主化，輿論在國內政治的影響力愈來愈大，緬甸人的怒氣不應該指向在此定居已久的華僑，應該朝向貪腐的緬甸菁英，這些人允許中國投資人占了本地人的便宜，掠奪國家的天然資源。

進入孟加拉灣的門戶孔道

幾年前，緬甸民怨的一個焦點是從緬甸西岸港口皎漂（Kyaukphyu）蓋一條石油和天然氣輸送管，穿過曼德勒和臘戍，到達雲南邊城瑞麗這個開發案。中國石油集團提供賠償金給失去土地的農民，但是有些農民抱怨他們再也找不到別的地方耕作。還有些人指控中國石油集團破壞環境。和政府軍作戰的少數民族武裝民兵，被雇來保護輸送管，驅趕人民逃離家園。

二〇一三年，管線完工後，抗議浪潮也安靜下來。這一年，我在尋找沿著滇緬公路的輸送管時，看到在農地上新挖的一條長帶，散落一些白色標竿。埋在深紅色的地下是兩條並行的鋼管，直徑各約一公尺寬。耗資二十五億美元的這個項目的緬甸段，長約八百公里，進入雲南境內，另有一千六百公里長。從雲南省會昆明的管路延伸線，會把天然氣東向送到貴州和廣西。另一條管線則把石油北向送到人口三千萬的重慶，北京要在當地蓋第二座煉油廠。

中國石油集團二〇一三年起開始從緬甸外海綏威（Shwe）天然氣田抽取天然氣，依據三十年期的採購合約，將交給緬甸政府數百億美元。管線每年輸送能量是一百二十億立方公尺，不過報導說二〇一四年和二〇一五年的實際流量遠低於這個數字。第一批石油則在二〇一五年以試營運方式開始供應，當時一艘三十萬噸級超級油輪在皎漂新啟用的曼迪島（Mandy Island）深水港卸貨。輸油管全面運作的話，將可以每年輸送二千二百萬噸的原油，相當於中國二〇一五年全國需求量的百分之四。[25]這條中緬管線配合來自哈薩克和土庫曼的管線，可從陸路輸送能源供給，北京認為這攸關中國的能源安全。

北京的戰略家認為，取得西翼海岸的大獎至為重要。這兩條石油和天然氣輸送管使中國從非洲和中東的油輪，不必走狹窄或常有海盜肆虐的印尼、馬來西亞之間水道，就能從陸路進口能源，何況北京也擔心一旦發生戰爭，美國可以封鎖這個著名的麻六甲海峽。經過麻六甲海峽的石油，是經過蘇伊士運河的三倍之多，其中中國石油進口量百分之八十經過這個水道。雖然目前緬甸管線的輸送能量，相對於中國巨大的能源需求量，實在不大，但是北京認為它的長處之一是，可以稍為緩解所謂的「麻六甲兩難困境」（Malacca Dilemma）。

中國使用曼迪島港口是要開發從孟加拉灣，銜接中國的交通線這個大計畫的一環。從皎漂建立一條有效的交通線，可使中國直接進口其他原物料，節省數千公里的路途。此外，在當地建立一個轉運中心，可以方便西南各省的企業加快速度，且降低成本地出口貨品到印度、孟加拉及其他地區。中國稱這個計畫為「孟中印緬經濟走廊」。計畫發想早於一帶一路倡議，但現在北京肯定會列入倡議的一部分。總而言之，此一經濟走廊給予北京一個重大戰略收穫：有機會將勢力範圍伸進印度洋。[26]

孟中印緬經濟走廊計畫預備從雲南興建新的交通線。從昆明始，止於印度的加爾各答，擬議中的走廊大約沿著茶馬古道，穿越緬甸和孟加拉，這條舊的貿易通道曾經被稱為南方絲路。北京有過宏大的計畫，想從瑞麗到皎漂平行興建高速公路和鐵路，並以另一條公路穿過緬甸北部、印度東北各省及孟加拉。支持此一計畫的人士說，將提振長期以來即受困於部落叛亂的亞洲最落後地區之貿易和投資。

昆明自從二〇一三年起即舉辦中國—南亞博覽會（China-South Asia Expo），以促進走廊沿線的貿易。我在二〇一四年參觀時，會場到處聽得到採購者為阿富汗地毯、巴基斯坦手工藝品、印度和孟加拉的絲綢和紡織品，以及斯里蘭卡的玉石討價還價，並和已經有二十年歷史、相當受歡迎的昆明商展合併舉行。展覽館的攤位擺滿了本地產品，從緬甸翠玉、普洱茶磚到犛牛骨珠寶和西藏豹皮，無所不賣。許多雲南少數民族的輕盈美姑娘，纏著參觀者買雲南火腿和一袋袋神祕的食用菌菇。

把原本的昆明商展升級，是北京提振中國邊境各省發展的藍圖之一部分。新疆維吾爾族自治區和廣西壯族自治區，都和雲南一樣有相當多的少數民族，各與其邊境之外的區域有共同族裔的關係，也針對中亞及東南亞各自舉辦類似的博覽會。北京認為擴大跨國境的合作將有助於培養新市場，增加中國在區域的影響力。二〇一一年，中國國務院發表一份文件，呼籲將雲南建設為前進南亞及東南亞國家的「橋頭堡」，這就是所謂的「開放西南」計畫。目標就是把人口將近四百萬的昆明建設為區域門戶，率領雲南與各國四千公里邊界的國際投資和貿易流動。[27]

二〇一三年，涉及孟中印緬經濟走廊計畫的四個國家在昆明開會，同意此一計畫的宏大規劃，承諾訂出務實且可達成的基礎設施項目。這些項目最後有可能包含穿越偏遠山區、茂密森林的新鐵路、供電線和電信網絡。但是最初的焦點擺在從昆明到加爾各答，蜿蜒經過瑞麗、曼德勒和達卡（Dhaka），興建一條二千八百公里長的公路。四國於二〇一二年原則上通過此一計畫。中國國務院副總理汪洋在二〇一四年中國—南亞博覽會開幕儀式講話，力促加快速度推動。

昆明的規劃人員從一九九〇年代起就在討論建設區域貿易通路，但是孟中印緬經濟走廊計畫直到二〇一四年才排上國家級優先項目，李克強總理向全國人民代表大會進行年度報告時提到了。該計畫面臨極大的障礙，不只是地形的障礙，但還是略有進展。中國交通部完成從昆明到皎漂興建高速公路的規劃案，將在曼德勒分出來一條支線，擬議穿越印度東北部的孟中印緬經濟走廊路線。孟加拉政府正準備和一家中國工程營建公司簽署了解備忘錄，以興建這條公路的孟加拉段，包括從首都達卡到吉大港（Chittagong）興建一條高架快速道路，由一家中國公司承包經營吉大港的貨櫃港。

但是計畫並未完全按照中方的如意算盤發展。二〇〇九年和二〇一一年，中國和緬甸簽署了解備忘錄，要在皎漂開發全新的經濟特區，交由中國國企中信集團管理。按照計畫，是要擴大深水港、開發工業區和物流基地，並連接以二百億美元興建的一條鐵路。但是在地方強烈反對下，緬甸政府擱置這個項目。協議在二〇一四年屆滿時，宣布不蓋這條鐵路了。這對中國是個重大打擊，因為已經興建從昆明到瑞麗的新路線了。目前中緬兩國關係陷於冰霜期，想要投資二百億美元的一個項目恐怕遙不可及。

可是，綠芽出現了。經過多年折磨，緬甸國會終於在二〇一五年十二月通過委由中信集團開發深水港和工業園區。[28] 這項一百四十億美元的項目讓中方重新點燃希望，盼望從瑞麗到皎漂這段高速公路終於能夠動工。二〇一四年，緬甸政府否決中方提議中國可以貸款二十億美元，興建這條路的方案。緬方認為，應該是有本地公司參加的合資興建案，而且應採用BOT方式。但是雙方或許會有可能找出解決方案，畢竟像緬甸這樣貧窮的國家，恐怕無力一直抗拒中國的基礎設施投資。

孟中印緬經濟走廊計畫的多邊性質，或許可以幫助中國走過敏感的民粹政治水域。雲南大學東南亞研究所所長陸廣勝（Lu Guangsheng，譯音）教授說：「石油和天然氣輸送管在緬甸遭到的批評，並沒有像密松水壩和萊比塘銅礦那麼大，因為我們是和南韓及其他國家合作。」[29]中國的天然氣是由在綏威天然氣田營運，以南韓大宇（Daewoo）集團為首的財團供應，而且印度也是其中的投資國之一，因此沒被當作是純中國的項目。這支多邊的大傘幫中國遮擋，使中國沒遇上像密松水壩和萊比塘銅礦那麼大規模和強度的抗議。

如果孟中印緬經濟走廊公路能夠興建，最大的贏家可能是邊城瑞麗，這個偏遠的叢林小城離北京足足三千公里。十多年前，瑞麗可謂中國的罪惡之城，靠緬甸玉石貿易和猖獗的海洛因走私生意大發利市。中國遊客從這裡跨過邊境，到緬甸的賭場玩幾小時，並且觀賞人妖表演。嗑藥妓女在街頭賣春，城裡頭許多性病診所替她們檢查是否愛滋帶原者。一位長期居民告訴我：「甚至連圍牆或正式的邊境檢查哨都沒有，人們通常在路邊就公然買賣白粉。」[30]

二〇〇五年，一切都變了。地方政府關上邊境，不准遊客任意穿梭，並且強力掃黃。今天的瑞麗已經成長得比較正派，少數還會到來的遊客是來打高爾夫，而非褻玩人妖。瑞麗已經少了幾分罪惡淵藪味道，而像是巨大的批發市場。瑞麗絕大部分經濟仍依賴玉石支撐（緬甸那一邊山區挖出的「綠金」），但該地也是華東製造業中心地帶生產的產品輸出的媒介。中國和緬甸之間有紀錄的貿易，將近一半經由瑞麗出入，但是因為邊境實在千瘡百孔，根本沒有人知道確實的貿易金額。

雖然已是石油和天然氣輸送管進入國門的關口，瑞麗正在努力振作要改造成為雲南通往南亞和印度洋的門戶。規劃者希望配備加工、物流和倉儲設施的「實驗區」，可以成為從昆明到加爾各答這條路上的國際貿易中心。我在二〇一四年參觀時，新工業區已有相當多的投資，還有更多正在計畫投資。占地好幾英畝的新倉庫林立，但是大半都還空著。地方官員希望興建一座人口三十萬的跨國境新市鎮，做為中國西南部「成長新標竿」。他們計畫簡化海關控制，便捷更多的跨國境貿易，以「姐告免稅區」成功的經驗為基礎更加精進。姐告是與瑞麗隔著瑞麗江相望的一小塊地區，緊貼著緬甸邊界。

卡車進到姐告，迎面就是巨型大看板，習近平以英文宣示：「改革不停、開放不止。」[31]從中國各地開到姐告，卸下貨準備出口。我看到從重慶運來、裝在紙箱中的摩托車，就地組裝起來，開著過境進入緬甸。姐告的店家銷售動力工具、機器、行動電話、電子品，甚至穆斯林的頭巾。最大的市場免不了就是「玉石城」。市場裡的緬甸商人領的是雲南政府發給的「臨時居民證」，但是許多人實質上是在中國的永久居民。

有一部分俎告讓人有徹頭徹尾身處緬甸的感覺：身裝沙龍、皮膚黝黑的男子把中國電子品裝上卡車，店員閱讀的是緬甸文報紙，人行道沾滿紅色檳榔汁。過邊界只需幾秒鐘，官方紀錄指出，二〇一四年有一千二百萬人次外國訪客持證入境。沒有證件的人其實在隔離兩國邊境的圍籬找個破洞，一鑽就過來了。有那麼怪異的幾秒鐘，我一隻腳踩在中國領土，另一隻腳踩在緬甸國土。本地居民任意來往國境，邊防出奇的鬆懈。

瑞麗的中、緬居民似乎相安無事，但表面底下還是存有緊張。一個漢人中年婦女告訴我：「那些緬甸人跟我們中國人不一樣。他們很野蠻，在街上打架，甚至還殺人。他們沒有像我們這樣的好政府。」她又講了一個八卦故事，有個漢人男子和緬甸某村長合夥做生意，把一生積蓄投資在一座煤礦上，生意相當成功，直到有一天，這個緬甸合夥人決定要獨吞。她語帶輕蔑地說：「他殺了中國合夥人，也殺了他太太，又強姦他女兒。跟緬甸人來往啊，你根本不知道他們下一步會做什麼。他們的脾氣跟天氣一樣，說變就變。」

亚洲梦

瑞麗的大規模投資需要有對中緬關係，將來會大幅改善的信心大躍進才行。很大一部分要看由翁山蘇姬以「國務資政」名義，實質領導的全國民主同盟新政府會怎麼做。這個職位是為她專設的，因為緬甸憲法禁止有外國家屬的任何人擔任總統，而翁山蘇姬已去世的丈夫是英國人，她的兩個兒子也具英國籍。縱使如此，各方普遍認為她的新職位將使她的權力凌駕正式總統之上。總而言之，翁山蘇姬做為緬甸的新任外交部長，正式負責制訂緬甸的外交政策，而對外關係最重要的莫過於和中國的關係。

這是個很奇妙的情勢。翁山蘇姬長期遭到禁錮，北京一直都站在緬甸軍事執政團背後支持，北京毫無興趣與名義上受她領導的民主勢力來往。可是北京曉得必須與翁山蘇姬的新政府合作，而翁山蘇姬也曉得她必須與北京建立健康的關係。畢竟，你沒辦法挑選鄰居。全國民主同盟壓倒性大勝之前六個月，也就是二〇一五年夏天，北京鋪出大紅毯。翁山蘇姬初次訪問中國，習近平以對待國家元首的規格接待她。人權團體希望她會對同為諾貝爾和平獎得主的劉曉波之遭遇表示關切，（劉曉波因政治罪遭判刑十一年，服刑中。譯注：劉曉波已於二〇一七年七月十四日去世）可是她很小心不去冒犯主方。二〇一六年四月，中國外交部長成為第一個訪問奈比多新政府的外交貴賓。

翁山蘇姬自從獲釋以來，努力建立自己成為務實的政治人物，在這個過程中觸怒了許多理想主義的支持者。由於她出奇地寬貸中國的投資，他們的怒火也延燒到中國的投資案上面。前任政府邀請她主持調查委員會，調查萊比塘銅礦案爭議，翁山蘇姬建議允許項目繼續進行，因而遭到猛烈抨擊。（某些分析家認為，她被前任政府騙去主持調查，因為前任政府知道不論她提出什麼建議，都不能討好。）此外，她對引起爭議的中國石油及天然氣輸送管項目也默不作聲，但是稱讚習近平的一帶一路倡議。因此，北京盼望緬甸新領導人是個可以合作的對象。

身為外交部長，翁山蘇姬必須決定中國的兩大投資項目是否繼續進行：一是已經停工的密松水壩，一是中信集團在皎漂要開發的經濟特區。雖然中國電力投資集團私底下已接受，必須專心先搞好其他小型項目，可是北京持續表示希望密松水壩能夠復工。緬甸民間也支持要嚴加審查，業經前政府在二〇一五年底決定的中信集團投資案。鑒於沒有公路，又無電力設施阻礙經濟成長，翁山蘇姬曉得緬甸無法拒中國投資於千里之外。她微妙的工作是既要向中國擔保，負責任的投資將受歡迎，同時又要管理好街頭的反中情緒。

翁山蘇姬也必須與中國合作來取得緬甸國內脆弱的和平。二〇一一年，中國以觀察員身分參加緬甸中央政府與十多個武裝團體的維和談判，次年也扮演重要角色，協調政府和喀欽獨立軍的談判。即使如此，有些觀察家（包括緬甸前任政府）認為中國提供武器給佤人和果敢人叛軍，使得邊境脆弱的局勢益加惡化。[32]這個指控如果屬實，更有理由要請中國參加協調。前政府在二〇一五年十月同意與七個武裝少數民族停火，但並沒有具體措施讓停火能夠持續下去。北京已經表示，可能以正式角色支持緬甸政府與停火協議的簽署團體的對話，尤其是在中緬邊境交戰的團體。

如果中國及中資企業能負責任地表現，應該有機會發現翁山蘇姬領導的全國民主同盟政府，比登盛總統的前政府容易打交道。可是這並沒有改變一個事實：北京的地位已經遠比二〇一〇年弱得多。當時希望把緬甸轉化為中國在本區域的馬前卒，但現在只盼望恢復正常的外交關係。由於緬甸民意難以撼動，中國及中資企業必須更努力爭取人民信任。如果做到了，雙邊貿易將更見成長，進一步的經濟整合也不可避免。這是住在亞洲最大經濟體隔壁自然的結果。如果中國投資得宜，就有巨大的潛力改善緬甸人民的生活。緬甸人民有許多地方對強大的中國感到畏懼，但是他們必須找出方法和中國一起成長。

第五章

珍珠帶

印度洋的恐懼與怨恨

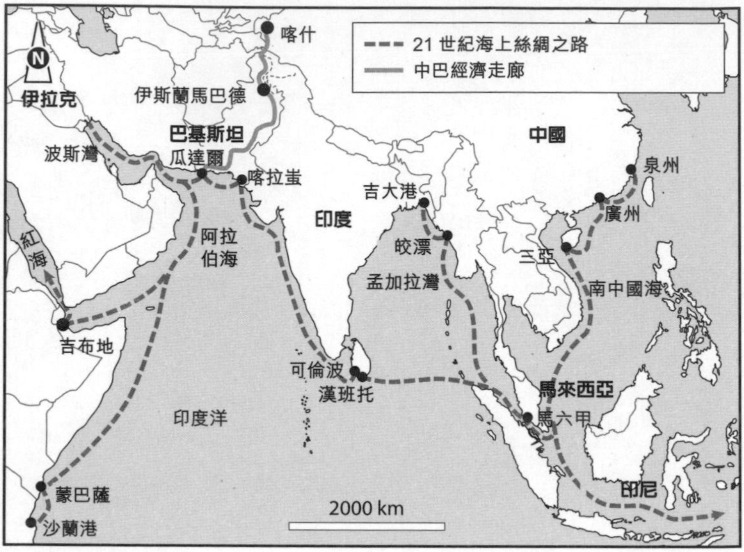
N
21 世紀海上絲綢之路
中巴經濟走廊
喀什
伊斯蘭馬巴德
伊拉克
巴基斯坦
中國
波斯灣
瓜達爾
喀拉蚩
泉州
吉大港
廣州
印度
紅海
阿拉伯海
皎漂
三亞
孟加拉灣
南中國海
吉布地
可倫波
漢班托
馬來西亞
印度洋
馬六甲
印尼
蒙巴薩
沙蘭港
2000 km

印度洋

人民解放軍的一艘潛水艇，於二〇一四年九月泊靠斯里蘭卡中資公司擁有的貨櫃港，這件事似乎證明印度人擔心中國戰略野心並非無的放矢。新德里的鷹派軍事分析家認為，北京有系統地在印度洋各地建設海軍設施，想在印度後院取得戰略控制。他們對在印度四周布建海事套索的這個卑鄙計謀，取了一個生動的名字：「珍珠串」（string of pearls）。[1]

中國這艘潛水艇是宋級柴油電力潛艇，還有一艘支援船隻隨行，停靠在可倫坡國際貨櫃站（Colombo International Container Terminal），這是由中資國企「中國招商局集團」，在香港註冊的子公司經營的商港設施。幾星期後，這艘潛艇又回到可倫坡，根本不理會新德里所謂中國潛艇出現在斯里蘭卡將「不能接受」的警告。[2] 針對印度的「安全關切」，斯里蘭卡政府表示，國際船隻泊靠可倫坡加水、加油是常見的做法。北京則說，這艘潛艇在亞丁灣（Gulf of Aden）參與「反海盜護航任務」，中國海軍在亞丁灣與印度、美國海軍都有密切合作，會在可倫坡泊靠，純為「例行中途停靠」。[3]

雖然潛艇奉派執行反海盜任務並不尋常，而解放軍船艦第一次泊靠可倫坡也稱不上例行性，這樣的解釋尚稱合理。但是中國潛水艇在印度海軍不知不覺下出現在斯里蘭卡，導致印度國會質疑，媒體大譁。中國國防部後來又證實，在印度洋另外部署一艘〇九三型商級核子動力攻擊潛艇，印度新德里電視台（NDTV）新聞頻道歇斯底里報導，這是潛艇「大博奕」（Great Game）開始的託詞。大博奕這個名詞原來指的是，十九世紀大英帝國和俄羅斯帝國爭霸中亞的戰略競賽。新德里電視台引述不具名人士的話報導，印度海軍高階將領不接受中國所謂潛艇奉派在索馬利亞外海執行反海盜任務的說法。他們認為這是「精心策畫的操演，要在本區域擴張其軍事部署」的一環。[4]

新德里電視台報導之前幾個星期，中國才剛承諾在巴基斯坦投資令人咋舌的四百六十億美元，主要是要興建從阿拉伯海直通新疆的三千公里長「中巴經濟走廊」。這條走廊的起點是巴基斯坦海岸，靠近伊朗邊境的瓜達爾港（Gwa-dar），這個港口已經由中方經營管理，而印度國家安全專家深怕將成為中國海軍，在印度洋的一個戰略基地。這個深水港位置靠近進出波斯灣的重要航道，是習近平大力提倡的「二十一世紀海上絲綢之路」相當重要的一個點。北京說這個倡議將增進亞洲和歐洲的連結，創造有價值的貿易新通路，並促進區域的成長。但是中國擴張進入印度洋，已引起新德里和華府的戰慄。

這些恐懼出現在某位美國海軍高階軍官，二〇一五年三月於德里向媒體所做的不作紀錄新聞簡報當中。他說：「我們沒有一絲一毫要和中國改善關係的動力。中國和美國終究不會處得來；關係很空洞。我們最有效果的是，和印度合作。」他保證美國會提供印度海軍所需要的一切，包括噴射戰鬥機和建造航空母艦的技術，以保衛印度洋，對抗解放軍海軍的包圍。參加新聞簡報會的某人把這位美國海軍軍官的意思總結為：「讓我們攜手合作對付中國。」[5]

印度洋

印度對中國的不信任，可以上溯到一九六二年中印戰爭慘敗於中國手下那一刻，從一九五〇年代末期起，兩國在喜馬拉雅邊境迭生糾紛，到了一九六二年終於爆發戰爭。中國同步發起攻勢，打進印度宣稱擁有主權的阿克賽欽地區（Aksai Chin，這塊山區沙漠夾在新疆、西藏和拉達克〔Ladakh〕之間），以及目前名為阿魯納恰爾省（Arunachal Pradesh，這是與西藏和不丹毗鄰的印度東北省份）的地方。作戰相當激烈，大部分發生在海拔超過四千公尺的高山地區，而印度軍隊遭到中國優勢兵力痛宰。超過三千名印度官兵陣亡或在作戰中失蹤，另有四千人遭到俘虜。古哈（Ramachandra Guha）在他的歷史名著《甘地之後的印度》（*India after Gandhi*）中寫道：「以現代戰爭的標準而言，損失並不大，可是這場戰爭在印度人的想像中代表大敗。」[6]（譯注：中國目前實際控制阿克賽欽地區，絕大部分畫入新疆自治區和田縣管轄。中國宣稱對阿魯納恰爾省擁有主權，稱之為「藏南」。）

一九四七年獨立之後的十年裡，印度總理尼赫魯（Jawaharlal Nehru）倡言以印、中合作做為「亞洲復興」的基礎。甚至還出現一個輕鬆的印度口號，Hindi-Chini bhai-bhai（意即「印度人和中國人親如手足」），來形容兩國之間日益上升的外交關係。因此，中國動武令印度人震驚、惶恐。古哈寫道：「印度民眾普遍認為遭到背叛，被一個他們天真地選擇信任和支持的無恥鄰國欺負。」尼赫魯驚覺中國共產黨不管怎麼說，好戰的民族主義至上，已經太遲了。五十多年過去，印度人仍未遺忘恥辱，和遭到背叛的感覺。

邊界爭議迄今尚未解決，成為中印關係永遠的一根刺。印度宣稱對西藏西南部三萬八千平方英里荒涼的山區擁有主權，而中國則宣稱阿魯納恰爾省主權為中國所有。雖然從一九七五年以來，雙方不再發生軍事衝突，中國常態性地跨越「實際控制線」（Line of Actual Control）並無助於局勢和平。中國和印度的鄰國：斯里蘭卡、孟加拉、尼泊爾、緬甸和馬爾地夫深化合作，尤其是和印度的大敵巴基斯坦密切往來，讓新德里更加焦慮。印度認為中國又在玩舊把戲，想把印度圍堵在次大陸，阻止它實現大國地位。這一點始於北京在一九五〇年入侵西藏此一傳統的中印緩衝區，後來北京又拒絕支持新德里成為聯合國安全理事會常任理事國。

「珍珠串」這個名詞首次出現在博思管理顧問公司（Booz Allen Hamilton）替美國國防部起草的一份能源安全報告當中（博思公司以雇用史諾登（Edward Snowden）這位揭爆祕密者而名聞遐邇），敘述中國如何相當合理地打造一個港口網絡，以保護石油進口必須經過的海上通路，尤其是在麻六甲海峽和賀姆茲海峽（Strait of Hormuz）等海上咽喉要地。[7]支持這個理論的印度人，熱切地採用此一比喻形容中國如何追求包圍政策，以扼制印度國防的要害。他們指出中國在印度洋已有一些海港設施，解放軍海軍可以運用。順時鐘方向，這些港口包括：擬議中在孟加拉吉大港附近的索納迪亞（Sonadia）深水港；在緬甸皎漂新啟用的深水港，服務連結到雲南的中國輸油管；斯里蘭卡漢邦托他（Hambantota）和可倫坡這兩個貨櫃港，以及巴基斯坦的喀拉蚩港（Karachi）和瓜達爾港。

自從習近平宣布他打造海上絲綢之路的大計畫以來，印度人對「珍珠串」理論更深信不疑。習近平二〇一三年十月訪問印尼，應邀到國會發表講話，他談到加強海上合作，及追求中國與鄰國的「命運共同體」。北京於二〇一五年三月發表一份政策文件，號召建設新的港口基礎設施，連結到內陸交通網；增加國際航路的數量；改善後勤運籌，尤其要多利用訊息科技；解除貿易和投資障礙；深化金融整合，鼓勵多利用人民幣。[8]北京說海上絲綢之路將帶來互利互惠，但新德里的安全事務分析家認為，中國在印度洋增兵部署，真實目的是要在遠離本土之外投射其海軍力量，暗中算計印度。

批評最激烈的是齊蘭涅（Brahma Chellaney）。他是印度國家安全會議前任顧問，現為新德里獨立智庫「政策研究中心」（Center for Policy Research）戰略研究教授。另一位研究印中關係的印度學者形容，這位前任哈佛教授是個「瘋瘋顛顛的瘋子」，但是齊蘭涅的意見值得一聽：他雄辯滔滔地說出許多印度人對中國的負面評價。[9]

我在德里泰姬瑪哈大酒店（Taj Mahal Hotel）豪華的餐廳和齊蘭涅碰面吃晚飯。[10]上菜之前他就宣稱：「我對中國的威權政府完全不信任。」他一點兒都沒有要閒聊的意思。「中國的政治制度依賴極端民族主義做為政治信條，漢人政權把根本不屬於中國的土地也說成是他們的領土。」他說，習近平的一帶一路倡議就是這種思維最新版本的反覆叨絮。中國運用經濟力量把漢人政權的強力投射到其國境之外。他說：「他們在他們已得到戰略收穫的所有國家，運用其工程公司做為國際擴張的前鋒。」

商業滲透是政治滲透的先行者，也是經濟和軍事力量整合的先鋒。他們先利用工程公司建立項目，然後引進自己的勞工，再取得外交影響力，最後他們取得戰略槓桿。

齊蘭涅深信不疑，中國在印度洋的投資居心叵測。他堅定地說：「海上絲綢之路只是中國長期以來所作所為的掩飾，其目標就是『珍珠串』。」他深信中國從過去十年指導其外交的「和平崛起」理論，轉變為最新的「奮發有為」外交政策，不會有好結果。他說：「中國正逐步漸進的改變在亞洲的地位，這就是所謂的切香腸。」

但是中國的制度鼓勵侵略。如果中國持續成長，十年內，其他正在復興的國家將會起來制衡中國。中國的行為已經震撼整個亞洲的輿論。在印度，中國炫耀肌力和越境入侵已經人心向背。

莫罕（C. Raja Mohan）是《攪拌乳海：印度洋太平洋的印中爭雄》（*Samudra Manthan: Sino-Indian Rivarly in the Indo-Pacific*）一書的作者，也是卡內基基金會新設印度辦事處主任。他說，「珍珠串」成為事實只是時間長短的問題。[11] 他以中國潛水艇泊靠可倫坡為例，對我說：「如果中國軍方可以使用民用設施，那這個設施還算是民用，或是軍用呢？」[12]他要表達的重點是，如果中國軍艦和潛艇可以依賴商港的友善接待，中國不需要在海外設立軍事基地。美國海軍常態泊靠屬於其盟國的港口，譬如每年平均有一百五十艘次的美國軍艦泊靠新加坡。中國海軍很少利用本身比較有限的關係，這也是為什麼潛艇在可倫坡泊靠，會令新德里警鈴大響的原因。

莫罕博士認為，一帶一路倡議絕不是像批評的人所說的只是空洞的口號，一帶一路倡議象徵亞洲地緣政治開始出現根本性的變化。他正在新加坡國立大學客座訪問兩個月，就在辦公室裡接待我。他說：「中國人來了，問題只是什麼時候來？以什麼方式來？」

中國進軍全球，將會進到全世界每個角落。中國有無可比擬的規模和野心，正在實現其打開內亞（Inner Asia）的歷史任務。這實在很戲劇化：中國已把資本主義傳播到中亞。唯一能跟中國比的是大英帝國治下的印度，而中國以比美國帝國更精細的方法在做。這正在進行中，因此需要有個以印度洋關係為基礎建立的戰略。

莫罕認為，印度應該在對己有利的情況下與中國合作，譬如「孟中印緬經濟走廊」這個計畫。新德里躑躅不前，主要是因為擬議中的高速公路，會太靠近彼此有領土爭議的阿魯納恰爾省。印度擔心解放軍有可能沿著公路浩浩蕩蕩開進印度，而且邊境開放也會很難控制印度在東北地區的剿叛情勢。但是印度也看到「孟中印緬經濟走廊」計畫的益處。印度貧窮的東北各省迫切需要新的經濟機會，長久以來即力主與雲南要有更好的經濟連結，而且跨國境貿易也可能是阿魯納恰爾省的一股穩定局勢力量。莫罕說：「我們在孟中印緬經濟走廊上應該與中國合作。如果我們能吸引他們進來替我們做這件事，那就趕快做呀！」

和海上絲綢之路一樣，孟中印緬經濟走廊計畫除了商務動機，也有地緣戰略的考量。但是對中國每個動作都畏懼的分析家，誇大了事實。北京想要替能源進口取得替代路線，以及保護海上商業通路的興趣，遠遠超過想建立新帝國的野心。中國在印度洋有可以理解的軍事利益，但是也曉得沒有能力挑戰美國、印度、日本和澳洲海軍結合起來的力量，這些國家目前的合作已更加緊密。總而言之，創建海上絲綢之路的中資企業關切賺錢之心，遠大於要替國家戰略利益效勞。事實真相是，習近平的宏大計畫主要是想透過經濟開發，而非軍事力量來推進中國的利益。

我參觀二〇一四年中國潛水艇泊靠兩次的可倫坡南貨櫃碼頭時，發現證據。批評北京的人往往認為中資企業是中國國家機關的扈從跟班，但是中國在海外大部分的投資至少有一部分——經常是全部——具有商業性質。可倫坡南貨櫃碼頭百分之八十五為在香港上市的「中國招商局控股國際公司」（China Merchants Holdings International）所有；這家公司在十三個國家經營三十五個港口，其中八個在歐洲。它的母公司是國有企業（譯注：即中國招商局集團公司），因此北京對它的業務活動有些影響力。但是股票上市子公司畢竟是經驗豐富的港埠營運公司，進入斯里蘭卡的原因是，尋求從印度洋貿易量大增的大環境賺取利潤。

中國招商局控股公司五億五千萬美元的可倫坡設施，從加勒菲斯綠地公園（Galle Face Green）只需散步一會兒就可到達；而加勒菲斯這塊綠地鄰近本市商業區，本地人來這兒放風箏，沿著海濱步道散步，和在海濱小攤吃點心。港口是世界級的，可容載運一萬九千個貨櫃的巨型貨輪，裝卸量是可倫坡舊港的兩倍，也是全世界少數幾個使用七十公尺高龍門式起重機的港口之一。它是印度洋貨櫃前往歐洲、中國和美國的轉運中心。長程貨運唯有靠巨型貨輪才合乎成本效益，但是印度只有少許設施可供巨型貨輪裝卸。可倫坡在印度南方三百公里，在這兒裝卸可節省貨運業者時間和金錢。助理總經理左蘭士（Lance Zuo，譯音）告訴我：「這是純粹商業項目，因此我們得到政府的支持。」他又指著來自丹麥、台灣、南韓、法國以及中國的各個貨運公司的名字，解釋說：「我們是全球性的港埠作業公司。」

經理人預計到二〇一八年，港埠可處理二百四十萬個標準型貨櫃箱，確立可倫坡是南亞最忙碌的貨櫃港的地位。雇用七千五百名本地人，營運三十五年之後，全部所有權將移轉給斯里蘭卡港務局。所以說，即使這個商港是偽裝的軍事基地，也沒有長期的戰略價值。可倫坡南貨櫃碼頭根本不是一顆閃亮、有威脅性的「珍珠」，只是北京所宣示的海上絲綢之路的最佳範例：建設基礎設施，增進交通效能，及創造新的貿易通路。儘管他批評中國在斯里蘭卡其他許多投資個案，斯里蘭卡財政部長卡路南阿雅克（Ravi Karunanayake）告訴我：「海上絲綢之路的構想，如果指的是建設更多的後勤運籌基礎設施，非常好。」[13]

中國商業利益既已擴張，北京要設法保護海外資產，是很自然的事。中國海軍艦艇泊靠友好港口並沒有隱性的威脅，美國軍艦如此做也行之有年。毛世偉（Mao Siwei，譯音）曾任中國駐加爾各答總領事，是中印關係專家。他在潛艇泊靠事件後在部落格上貼文表示：「印度應該了解，中國雖然不是印度洋國家，在印度洋仍有極大的正當利益。同時，中國也不應該因為有錢，就到處耀武揚威。」他很嚴肅地補充一句話：「印度獨步這個區域。」[14]

巴基斯坦

印度固然不願見到斯里蘭卡被吸引進入中國的軌道，更擔心中國和巴基斯坦的「全天候」友誼。在印度洋上，這個恐懼指向可倫坡西北方三千公里的瓜達爾港。回到一九五八年，阿曼（Oman）把莫克蘭（Makran）海岸西隅割讓給新成立的國家巴基斯坦，當時瓜達爾只不過是個不起眼的小漁村。一九六〇年代，巴基斯坦的軍事統治者擬訂計畫，把這個偏遠據點改造為海、空軍基地，可做為喀拉蚩的替代，因為喀拉蚩太接近印度邊境。接下來在一九八〇年代，蘇聯戰略家夢想把瓜達爾改造成從中亞出口石油和天然氣的管道。但是蘇聯部隊撤出阿富汗，局勢一片混亂，加上蘇聯本身解體，這個計畫胎死腹中。[15]

二〇〇〇年，巴基斯坦新領導人穆夏拉夫將軍（General Pervez Musharraf）要求中國出資援助在瓜達爾闢建深水港，遂成為中國的夢想。北京幻想興建輸送管把石油和天然氣從阿拉伯海岸輸送到中國，因此欣然同意。花了二億美元開發第一期的新深水港，於二〇〇七年一月啟用。新加坡港務局（Port of Singapore Authority, PSA）簽署一份為期四十年的經營管理合約。大約就在這段期間，美國記者兼地緣政治分析家卡普蘭（Robert Kaplan）為了撰寫《季節風》（*Monsoon*）一書，來到瓜達爾參訪。他稱讚地說：「這令人想起十九世紀巴勒斯坦的雅法（Jaffa）或黎巴嫩的泰爾（Tyre）的形象。」同時又形容說：「帆船從白色、濕氣的瘴霧中冒現，載著漁民捕撈的銀魚；而漁民們戴著骯髒的頭巾、穿著鬆垮的長褲和過膝的長衫，唸珠從口袋掉出來。」他描述自己很幸運能在被清掃殆盡、建造新杜拜之前看到瓜達爾的舊貌。[16]

第二期的開發案，打算把瓜達爾改造為一個忙碌的港口和商業中心，以一條新高速公路和全國其他城市連結起來。在新加坡港務局管理下，瓜達爾將會有四個貨櫃碼頭、一個龐大的貨櫃站、兩個石油站、一座煉油廠和一個穀物站。新蓋的高速公路將通往俾路支斯坦（Balochistan）省會奎達（Quetta），再和既有的網絡銜接。但是第二期開發案幾乎毫無進展：沒有什麼船隻進港，也沒有什麼新設施增建，瓜達爾還是孤零零的港口。二〇一二年，旱災肆虐，全城八萬居民有兩萬人遷走。新加坡港務局與巴基斯坦海軍還有一項糾紛，海軍不肯交出一塊撥給港口營運使用的地，新加坡港務局認賠出局。中國海外港口控股公司（China Overseas Port Holding Company）是中國建築工程總公司的子公司，接手瓜達爾港營運合約。

二〇一三年，當瓜達爾實質上成為中國的港口時，建立一個通往阿拉伯海的可行通路之夢想，已經像是鏡花水月。但是當年稍後，一帶一路倡議一宣布，瓜達爾計畫獲得新的推動力。二〇一五年四月，習近平到巴基斯坦進行國事訪問，中國同意撥四百六十億美元支持巴基斯坦各項項目，其中包括一百一十億美元改善瓜達爾港，以及興建若干新公路和一條鐵路。[17]「中巴經濟走廊」將從瓜達爾港起，經過中國邊境海拔四千七百公尺的紅其拉甫隘口（Khunjerab Pass），通到新疆的喀什。另外三百四十億美元分配給能源項目，可能包括沿著擴建的喀拉崑崙公路興建石油及天然氣輸送管的費用。中國地質勘察人員立刻前往巴基斯坦調查，在如此困難的地形要如何興建基礎設施。

工程的挑戰十分巨大。興建原先的喀拉崑崙公路花二十年，到一九七九年才完工（不過到一九八六年才開放使用），這段期間死了一千多名工人。這條山路的不穩定和危險在二〇一〇年一月顯示無遺，中國邊境南方一百五十公里、美麗的洪札河谷（Hunza Valley）發生巨大山崩，製造出一個瀉湖、淹沒二十二公里的公路。一直要到二〇一五年九月，中國路橋工程公司蓋好五個新隧道和八十座橋，才又把兩截公路重新連結起來。[18]

就中國而言，中巴經濟走廊有兩個目標：為從中東進口的石油開啟一條替代通路，以及說服巴基斯坦更積極對付已溢散過邊境的暴力極端主義。這個願景受到戰略因素推動，並非基於商業邏輯。即使在二〇一〇年大山崩之前，中巴貿易不到百分之十經過與新疆的陸上邊境。住在北京的一位專家說：根本就不符合經濟效益，「這個大手筆投資實際上就是一種賄賂。」[19]參與一帶一路倡議規劃的政府官員私底下也承認，他們預期在巴基斯坦的投資會虧損百分之八十。他們對別的地方也做了類似的戰略評估：在緬甸，預期虧損為百分之五十；在中亞，預期虧損為百分之三十。[20]北京的邏輯是，如果有助於中國擴大地緣政治影響力，撒下大把銀子也值得。

在巴基斯坦，最大的威脅是保安太差。過去十五年，數十名中國工人和工程師被巴基斯坦塔利班及其他民兵團體鎖定為攻擊目標。某些民兵認為在他們和巴基斯坦政府的作戰中，外國人是應該的攻擊對象；也有些團體想藉此挑激北京和伊斯蘭馬巴德之間的緊張。分析家史莫爾（Andrew Small）在《中巴軸心》（*The China-Pakistan Axis*）一書提到：「不但沒有被認為是中國通往海灣的門戶，巴基斯坦還發展出一個名聲，公認是對海外華人最危險的國家，綁架、殺戮經常發生。」[21]巴基斯坦預備成立一支一萬兩千人的特別保安部隊，保護中國工人，並且在瓜達爾港四周蓋安全圍籬。但是攻擊事件還是無法避免。

攻擊事件在走廊的兩端都可能發生，尤其是在瓜達爾所在的俾路支斯坦省。自從巴基斯坦一九四七年立國以來，俾路支斯坦省經歷五次叛亂，俾路支本地人抗議國內其他人移入，也抗議政府開採省內的天然氣及礦產資源。（就這一點而言，俾路支人的怨恨和新疆的維吾爾人相同）二〇〇四年，俾路支解放軍（Baloch Liberation Army）炸了一輛載運中國工程師到瓜達爾的巴士，造成三死九傷；也有人所住的旅館遭火箭攻擊，卻大難不死。俾路支福利會（Baloch Welfare Society）書記長巴魯奇（Nisar Baluch）告訴卡普蘭說：「不論他們多麼努力，想把瓜達爾改造成為杜拜，不會成功的，一定會遭遇到抗拒。未來通往中國的輸運管線不會安全的，管線將必須經過我們俾路支人地界，如果我們的權利受到侵犯，任何東西都沒有安全可言。」[22]

縱使如此，北京相信投注數十億美元進入巴基斯坦合乎戰略考量，即使真正到位的錢不太可能及於報章喧騰的天文數字。從能源安全的角度看，花這些錢就跟在緬甸投資的邏輯相同：麻六甲海峽萬一遭到封鎖的威脅，代表中國需要有候補的進口通道。從中東、經瓜達爾港，送一桶油到中國的成本，肯定比用油輪走海路運送到上海高出好幾倍，但是讓中國在萬一前門受阻時，有一道戰略後門。就這一點而言，瓜達爾扮演的角色和孟加拉灣的皎漂一樣。兩個港口都解決不了「麻六甲兩難困局」，但減輕了只靠船運、穿過連結印度洋，和南中國海的狹窄咽喉的危險。

瓜達爾也提供同等寶貴的東西：在印度洋有個永久的海上基地，靠近波斯灣和東非的航運路線。即使「經濟走廊」證明不可行——的確有非常高的機率不可行——但瓜達爾對中國解放軍極具戰略價值。中國會非常喜愛海軍可在皎漂進出，並經陸路通往雲南；但是與緬甸政府關係齟齬後，代表此路不通。中國和巴基斯坦的親密友誼使得瓜達爾非常有價值。瓜達爾港本身或許永遠不會正式成為中國的海軍基地，但海軍能夠進出才是重點。

分析家對於這樣是否會使瓜達爾對印度構成威脅，看法不一。新加坡國立大學李光耀公共政策學院，中印關係專家巴吉派（Kanti Bajpai）提問：「中國人為什麼要把海軍資產擺在瓜達爾？不就等於坐著等候挨印度海軍打嗎？」[23] 但是中國在阿拉伯海的選擇愈來愈多。二〇一五年五月，即習近平國事訪問巴基斯坦之後不久，一艘傳統的元級潛艇泊靠在比較南邊海岸的喀拉蚩，這是第一艘在巴基斯坦泊靠的中國海軍潛水艇。稍後不久，伊斯蘭馬巴德同意向中國購買八艘柴油電力攻擊潛水艇，總價約五十億美元。非常重要的是，其中四艘將在喀拉蚩建造。換句話說，不僅巴基斯坦將取得造船技術，中國也將替自己在印度洋的潛水艇取得現成的維修設施。[24]

對印度而言，中巴軸心此一最新發展實在令人煩心。雖然中國沒有正式締約的盟國，和巴基斯坦的友誼實際上卻比許多正式的同盟更親善。外交官以最肉麻的詞語形容中、巴雙邊關係是「比最深的海還深」、「比最高的山還高」、「比蜜還甜」。一九八二年，中國展現熱情，送給巴基斯坦足夠的濃縮鈾，讓它製造出兩枚原子彈。但這倒不是出於北京深愛巴基斯坦，而是因為印度是中、巴共同敵人：北京和伊斯蘭馬巴德長期以來，即操縱雙方共同感情來讓新德里坐立不安。

因此，從新德里的視角來看，懷疑中國在巴基斯坦及印度洋各地的海上投資，完全合理。然而，這些設施是否構成包圍印度的一致的戰略則是另一個問題。事實上，印度對中國的海軍野心之恐懼感誇大了實情。中國都還未控制南海，哪能控制印度洋。高唱「珍珠串」居心叵測是印度海軍很有用的狡詐藉口，藉此從國家預算中多擠出一些經費。可是高唱「中國威脅」可能會產生無意的結果。巴吉派說：「珍珠串實際上並不存在，但是印度海軍真心相信。這幾乎使得危險成真。如果印度依此布局海軍戰略，你可以預期中國會如何反應，這一來就成了事實。」[25]

印度

印度和中國彼此互不信任和對敵，產生明顯的經濟後果。雙邊關係從一九六〇和七〇年代的最低點以來已有大幅改善；過去十五年，雙方在許多多邊場合合作，雙邊貿易也從二〇〇〇年的二十億美元，上升到二〇一四年的六百五十億美元。但是商務關係還是低度開發。中、印兩國合計人口二十七億，約占全球百分之四十，國內生產毛額合計為十三兆美元。兩國共同邊界將近四千公里長。可是中國跟泰國的貿易額卻跟最大鄰國印度的金額一般多；北京和曼谷之間往來飛機班次，是北京和德里之間班機的八倍。亞洲這兩大巨人的關係如此疲弱，足證全球貿易和投資還有極大空間可以發展。[26]

回到二〇一〇年，中國總理溫家寶訪問印度，雙方試圖把緊張關係轉移到比較友好的地位。他們同意一個十分有野心的目標：二〇一五年前要把雙邊貿易提升到一千億美元，同時又要降低印度對中國的貿易赤字。批評雙邊關係的印度人抱怨，中國出口大量消費者商品和資本財到印度，可是印度只出口幾船的鐵砂。印度希望出口更多的藥品和資訊科技服務到中國，可是被關稅壁壘阻擋了。溫家寶訪問之後，接下來四年，印度出口到中國的金額反而跌了五分之一，而中國的進口卻增加百分之四十。雙邊貿易赤字倍增加至四百億美元左右。

莫迪（Narendra Modi）二〇一四年五月出任印度總理，印中關係似乎又有好轉的機會。莫迪在擔任故鄉古吉拉特邦（Gujarat）首席部長時，曾經四度訪問中國招商引資。以他技術官僚、踏實的作風，北京認為應該是個可以打交道的對象。同年稍後，習近平率領一支龐大的貿易代表團訪問印度，並赴古吉拉特參訪，宣示要協助印度扼止出了名的基礎設施不足的問題。習近平告訴莫迪：「中國有豐富的基礎設施建設和製造業的經驗，預備在這些領域協助印度發展。」[27]他們在新德里會談後得出結論，中國將協助更新印度老舊的鐵路系統，合作建設對環境友善的「智能城市」，並在印度西海岸的古吉拉特邦和馬哈拉施特拉邦

（Maharashtra）建立經濟特區。習近平保證中國會更加開放、歡迎印度出口商品，包括藥品及農產品進入中國。

不幸，習近平訪問的成績卻被拉達克山區邊境糾紛破壞，新德里指控中國士兵侵入印度領土興建道路。莫迪呼籲早日解決共同邊界的糾紛，強調「在我們的關係和邊境和平」之前，「雙方關係的真正潛力」不會實現。[28]印度外交官很震驚、也不能理解，北京竟會刻意挑釁破壞雙邊會談，讓雙方都丟了顏面。但事實真相是，士兵越界既不是事先計畫、也不是北京當局協調一致的動作。知情人士說，當印軍設置一座新的觀測哨所時，解放軍進入印度領土、將它拆除。他們視之為本身職責，根本沒向北京請示，也沒有考慮外交後果。[29]習近平離開印度時，承諾投資二百億美元，遠低於盛傳約一千億美元。

莫迪二〇一五年五月以總理身分第一次訪問中國之前，我和達斯（Gurcharan Das）一起吃午飯。達斯是商人、作家，也是莫迪政府的顧問。在他退休成為專職作家之前，曾任寶鹼公司（Proctor & Gamble）印度及東南亞區執行長，也擔任過公司全球策略規劃部門主管。我們約在德里泰姬瑪哈酒店昂貴的日本料理娃沙碧餐廳（Wasabi）碰面。達斯嚼著當天早上才從東京築地海鮮市場空運抵達、一片十五美元的生魚片，然後告訴我：「中國幫助我了解印度。中國一直是強國家、弱社會。印度剛好相反，國家弱、社會強。事實上，你兩者都需要：既要強國家，才能做事，又要強社會，才能向官員問責。中國需要改進政治，印度需要改進治理。」30

他把話題帶到莫迪計畫把印度改造為製造大國，強調兩國更加合作才會同蒙其利。「印度需要擴張，成為中國貿易網絡的一部分。印度沒有給中國進口貨公平競爭的環境。我們需要更有自信、更加開放。」喝了一杯冰鎮日本清酒後，他又說：「如果中國在本地投資製造業，最好，我們就可以在印度生產印度需要的東西。這是莫迪的夢想。中國的投資因為繁文褥節和國防上的顧忌，受到阻滯。我們對這方面也應該更有自信。」接下來他提到邊界問題：

自由貿易的好處大過保護主義，但是安全上的畏懼現在已壓過投資。我們迫切需要解決邊境問題，成就經濟關係。我們要把關於阿魯納恰爾省的紛爭拋棄掉。

總而言之，莫迪訪問中國帶回來許多面帶笑容的照片，卻沒有什麼實質內容。習近平決定邀請莫迪到他老家陝西省參觀，顯示雙方都希望把過去的冤仇拋到腦後：因為中國領導人罕有在北京之外接待訪賓。但是沒有太多證據顯示印度準備好讓中國來興建基礎設施；莫迪力推「在印度製造」的政策，想要複製一部分東亞開發模式，又非要基礎設施不可。不過，這裡頭還是有些進展：印度幾經考慮，核准孟中印緬經濟走廊計畫當中，興建一條連結中國和加爾各答新高速公路的項目，而中國鐵路總公司也進行可行性調查，研究蓋一條二千二百公里的高速鐵路，從德里通往印度東南海岸的清奈（Chennai）。然而，這些項目是否能正式開動還不能確定。只要安全顧慮繼續籠罩在頭上，強化中印關係的經濟潛力仍將持續無從實現。

這些顧慮因而促使印度推動與中國周邊國家強化關係。二〇一五年，莫迪成為二十七年來首位訪問斯里蘭卡的印度總理，他也擴大印度和日本、美國、澳洲、越南、蒙古及南韓的交往。與日本的關係特別值得注意：莫迪和日本首相安倍晉三顯然特別契合，核准日商承包一百五十億美元的工程，從孟買蓋一條子彈列車鐵路、通往艾哈邁達巴德（Ahmedabad）。中國和日本在高速鐵路這塊經濟外交領域競爭極為激烈。安倍想要建立一個同盟，反對北京在亞洲海域的擴張政策，莫迪給予正面反應，表示亞洲國家需要抵擋中國的「擴張主義心態」。[31]

在中國看來，印度和美國正在萌芽的戰略同盟也是值得憂慮的跡象。歐巴馬總統早在二〇一〇年就告訴印度國會，世界人口最多的兩大民主國家的關係「將是二十一世紀重要關係之一」。[32]中國崛起促使美、印兩國走得更親近：美國需要印度以維持在亞洲的優勢地位，而印度需要美國的支持，以支撐做為區域大國的地位。華府認為把印度引進安全網絡攸關重大，因為光憑印度的地大人稠就是對抗中國擴張主義的天生堡壘。印度鄰近波斯灣和東非海岸的地理位置，也使印度對運送中國進口油氣的海上航線掌握戰略進出的優勢。有了印度同夥，美國相信可以強化對整個亞洲的掌握，延伸從西太平洋、跨東南亞而入印度洋的這道弧線。二〇一五年，印度與美國簽署一份「共同戰略前瞻」（Joint Strategic Vision）的文件，宣示就印度洋及西太平洋的海上安全和自由航行權合作。這項協定明顯劍指中國。

莫迪認真尋求與中國有更親密經濟合作之下，新德里將會小心翼翼，不會決定性地傾向華府。但可悲的是，印中關係真正突破的希望不大。儘管印度外交圈裡竊竊私議，認為中國可能預備對邊界問題達成協議，其實仍不太可能。齊蘭涅告訴我：「中國只是一再帶著印度在桑樹叢中亂鑽。」北京很滿意現在的狀況，讓印度在東翼不敢鬆懈，對西翼的巴基斯坦又不敢掉以輕心。而莫迪是藉印度民族主義的擁護上台，也不能在攸關民族尊嚴的此一大事上妥協。

斯里蘭卡

莫迪二〇一五年三月到斯里蘭卡兩天的國事訪問，是印度和其南方鄰國雙方關係的重大突破；印度在一九八〇年代末期介入斯里蘭卡內戰失敗，兩國交惡至今。我在莫迪到訪的前一天飛到可倫坡，一出機場沿路到處可見印度的三色國旗飄揚，以及佩掛長槍守衛的卡其服士兵。莫迪的肖像底下有一行字：「歡迎光臨斯里蘭卡」。

印度總理甘地（Rajiv Gandhi）一九八七年在可倫坡簽署印—斯和平協定以來，莫迪是第一位再踏上斯里蘭卡國土訪問的印度領導人。當時根據暫時停火，斯里蘭卡部隊撤出北部地區，由印度維和部隊進駐，負責解除當地民兵的武裝。包括西方通稱「塔米爾之虎」（Tamil Tigers）的「塔米爾伊拉姆老虎解放組織」（Liberation Tigers of Tamil Eelam, LTTE），但是維和部隊很快就捲入和塔米爾之虎交戰。在一場特別陰澀的事件中，印度士兵被指控在賈夫納（Jaffna）一所教學醫院屠殺將近七十名平民。民族主義派對印度駐軍的怨恨上升，斯里蘭卡政府要求印度維和部隊撤走。這時候，已經有一千多名印度士兵喪生。一年之後的一九九一年，甘地被一名塔米爾之虎自殺炸彈客偷襲殺害。雙邊關係停滯，中國乘虛而入，成為斯里蘭卡最主要的外國勢力。

斯里蘭卡二〇一五年一月選出的新聯合政府，邀請莫迪為第一個向國會演說的印度總理。莫迪藉由兩國共同的傳統，宣稱雙方是「最親密的鄰國」，並且表示他帶來「十二億五千萬個朋友，以及數百萬個斯里蘭卡板球粉絲的祝福」。他說，基於共同的文化，印度和斯里蘭卡應該自然地成為另一方最親密的經濟夥伴。他宣稱：「我對理想的鄰國的看法是，貿易、投資、技術、思想，和人民可以自由跨國境流通的關係……透過陸路和海路把這個廣大地區連結起來，我們兩國可以成為區域繁榮的引擎。」最後，他強調跨印度洋的安全：「我們兩國的安全無可分離。同樣的，我們對我們海域鄰國的共同責任也很清楚明白。」[33]

這些漂亮言詞的背後，大家心照不宣的是中國的陰影。做為鄰國，斯里蘭卡和印度的確天生應該是經濟夥伴。但是事實上，中國在斯里蘭卡的經濟影響力超過印度好幾倍。對莫迪來講，打從他抵達那一刻，情勢就十分明顯。從機場出來，他的轎車走在超級平坦的高速公路進城，沿路布置電子收費架。比起印度任何公路，品質優異不知超出凡幾。[34]從他下榻的旅館套房可以俯瞰印度洋，映入眼簾的是深水港可倫坡南貨櫃碼頭巨大的起重機，正在把貨櫃箱吊到全世界最大的貨櫃船之一。機場高速公路和貨櫃碼頭全都由中資企業出資興建。

中國領導人唱著「邁向全球」和「雙贏外交」高調時，腦筋裡想的就是這一類項目。莫迪訪問可倫坡之前一個星期，李克強總理向全國人民代表大會提出報告，鋪陳政府鼓勵更多中國企業參與海外基礎設施投資項目的計畫。他說，政府將會努力增加中國機械設備，尤其是電力、通信和交通業，這幾個行業的國際市場占有率。他也承諾要擴大利用中國外匯存底的管道，一則支援中國本身企業，再則協助外國建設它們的生產能力。[35]

中國經濟外交是有能力實現所承諾的益處。可是，斯里蘭卡的經驗也暴露海外中資企業醜陋的一面。二〇〇九至一四年，中國在這個島國資助將近五十億美元的許多項目。[36]除了公路和港口，中資企業也興建橋梁、鐵路、一座火力發電廠，和一座國際機場。這些項目是由前任總統拉嘉帕克沙領導的政府所安排。拉嘉帕克沙已在二〇一五一月大選中遭人民唾棄，敗選下台。他會垮台的原因之一是涉嫌與中國有不乾不淨的貪瀆關係。選戰期間，反對黨的文宣已經影射中國對斯里蘭卡有新殖民主義的野心：「白人用軍事力量搶走的土地，現在外國人透過付贖金給一小撮人的方式去取得。」[37]

拉嘉帕克沙與中國的親密關係有特殊的政治淵源。他的政府在二〇〇九年終止肆虐斯里蘭卡二十六年，造成四萬名塔米爾人喪生的內戰，所用的武器大部分由北京供應。儘管遭人指控進行種族滅絕屠殺，中國全力攔阻，不讓這個議題排入聯合國安全理事會的議程，或提交到人權委員會調查。智庫「替代政策研究中心」（Center for Policy Alternatives）執行長薩拉瓦納穆圖（Paikiasothy Saravanamutu）和我在可倫坡喝咖啡時告訴我：「拉嘉帕克沙政府視中國為靠山和斯里蘭卡的救星。國際上，中國是我們對抗戰爭罪罪刑的保單。中國堅決擁護和捍衛全球南方勢力，對抗西方列強和印度等哥利亞。」[38]

我請教新聯合政府公共行政暨民主治理部部長賈亞蘇利亞（Karu Jayasuriya），在拉嘉帕克沙執政時期，中資企業是怎麼和政府打交道的。我們在南可倫坡賈亞蘇利亞的豪宅會面，這棟豪宅是由二十世紀亞洲最有影響力的建築師之一的巴瓦（Geoffrey Bawa）所設計。穿著一襲白色長袍、文質彬彬，有若學者的賈亞蘇利亞向我娓娓道來，斯里蘭卡和中國的貿易關係可以上溯到六十多年前的「橡膠換稻米」協定。早年經商的賈亞蘇利亞和中國人有密切往來。一九七〇年代末期，中國開始對世界開放，他開辦一家肥皂工廠，出口到中國。後來在一九八〇年代，馬來西亞、泰國和斯里蘭卡都不肯之後，他免費運送一百萬顆橡膠籽到海南島。他說：「中國人感激得不得了。」[39]

中、斯兩國一直維持著友好關係。他又說：「內戰結束後，我們找不到任何國家願意借錢，只好去找中國。」中資企業向政府提案，政府連公開招標程序都免了。他說，拉嘉帕克沙政府核准了許多中國銀行貸款、中資企業承造的項目，蓋了一堆華而不實的蚊子館。銀行收的利率很高，企業也向拉嘉帕克沙的扈從大手筆行賄。根據一項估計，那段期間斯里蘭卡將近百分之七十的基礎設施項目由中國出資、興建，以致於斯里蘭卡的外債由二〇一〇年占國民生產毛額百分之三十六，飛騰到二〇一五年超過百分之九十。[40]政府每年編的預算，極大部分用來償付向中國的貸款。

拉嘉帕克沙從中資企業收下大筆賄賂，不顧經濟效益蓋了一堆蚊子館。拉嘉帕克沙的家鄉小城漢邦托他的新機場，因為沒有旅客而停止營運；本市根本沒有需要的貨櫃港第二期工程中途叫停。漢邦托他新蓋的板球體育館和會議中心，幾乎沒人利用，有如中國各地蓋了一堆空蕩蕩的公共設施養蚊子。賈亞蘇利亞還頻頻搖頭驚嘆：「拉嘉帕克沙還活著耶！竟然迫不及待，把它們統統掛上他的名字。」即使斯里蘭卡迫切需要的高速公路和發電廠，也以高出常情的離譜經費興建。他說，經費經常追加，超過原始發包價百分之四十至六十，而政客從中中飽私囊。「中資只要有生意做，什麼都可以配合。」

中資銀行的放款，因收取超出行情的利率，大發利市。中國在非洲及其他開發中地區很有名的舉動是，人為壓低利率放款出去。華府原先反對中國成立亞洲基礎設施投資銀行的理由之一，就是深怕中國的銀行會人為壓低利率，又不附帶要求條件就搶著放款，破壞市場秩序。可是在斯里蘭卡，拉嘉帕克沙政府允許中資銀行予取予求，把國家當肥羊宰。

這些高利率，就是斯里蘭卡新政府和北京爭議的重點。斯里蘭卡說話奇快，有如連珠砲的財政部長卡路南阿雅克的家，是一棟有大鐵門把關的華邸。他在家裡接見我。他說：「中國人不是在送禮。他們以很高的利率借給我們五十億美元。大部分的利率是六趴，最高還有八點八趴。」[41]一般多邊機構的利率不到兩趴。他又說：「利息那麼高，就是貪官汙吏從中做手腳。我們不願老百姓為過去貪瀆政府做的決定，付這種冤大頭的利息。」我注意到，他書桌背後牆上有一張照片，是他和笑容可掬的柯林頓的合影。

新政府上台後，斯里蘭卡想要擺脫中國壓榨的一個代表案例，就是所謂「可倫坡海港城」（Colombo Port City）這項十五億美元的豪華不動產開發案。開發商「中國交通建設集團公司」計畫在可倫坡灣兩百三十三公頃的海埔新生地上大興土木。根據合約，這家在香港掛牌上市的國企開發商，將以九十九年期承租八十八公頃土地，另外無償取得二十公頃土地。習近平二〇一四年九月親自為這個項目主持開工典禮。習近平主席和拉嘉帕克沙總統共同剪綵後，見證一艘挖泥船把一堆砂子倒進水裡，代表填海造陸工程開始。[42]

斯里蘭卡新政府二〇一五年一月上台，誓言要好好檢討中國投資的各個項目。當年三月，「可倫坡海港城」暫時停工。除了對土地所有權有法律疑問外，對於這個項目的財務可行性和環境影響，也出現疑慮。雖然預定最後將有三十萬人居住在這個建案上，但竟然沒有就飲用水、下水道，或交通做任何環境影響評估。我在那個月去現場參訪時，從海港裡挖出來的大塊人工砂洲，和靜止的挖土機隨處亂擺。工地四周圍籬上掛的標示牌宣布，在取得「政府相關機關核准」前，不會恢復開工。

可倫坡海港城是不經正當程序，由最高層一點頭就開工的項目。這是中國人在海外取得投資興建案的典型做法。中國生意人、外交官和財金人員，深諳以醇酒美食討好外國貴賓，特別是那些西方投資人，及多邊金融機構避之唯恐不及的政治上有疑慮的政權之官員。中國不干預其他國家內政的政策，給中國帶來許多商機，但這也代表中資企業與他們有生意往來的貪腐政府掛上鉤。一旦他們外國夥伴的政治命運有變，或是輿論風向轉變，他們就慘了。

斯里蘭卡新政府上台後，中資企業的環境產生劇烈變化。財政部長卡路南阿雅克告訴：「我們說我們希望清廉、透明和良好治理時，是很認真的，一點都不打折扣。或許中資企業過去必須配合貪腐，但他們今天若是這麼做，就出局了。」他說，可倫坡將與中國的銀行重新談判許多貸款案。「我們對中國人這樣說：『我們處境很困難。請幫我們看看債務要如何減輕。』」二〇一五年初，有位斯里蘭卡部長告訴記者，某家中國銀行，可能是中國進出口銀行，同意以年利百分之二發行新貸款，讓斯里蘭卡可以「借新還舊」，償還原先利率百分之六點九的舊債。[43]北京很清楚跟斯里蘭卡新政府處不好，不符合自己的利益，尤其是斯里蘭卡的戰略地位十分重要。

但是滿懷樂觀精神的斯里蘭卡新政府也發現，要擺脫中國桎梏並非易事。二〇一五年底，面臨外匯存底急降、收支平衡吃緊，斯里蘭卡向國際貨幣基金申請緊急貸款，也再次向中國求救。斯里蘭卡一方面宣布「可倫坡海港城」即將復工，一方面開始討論由中國投資人在漢邦托他，中國人蓋的港埠和機場旁邊，另開闢經濟特區的計畫。中國也正在考慮於漢邦托他造船的計畫，這肯定會引起印度方面的關切，尤其是斯里蘭卡國防官員又說，原來中止中國海軍船艦泊靠斯里蘭卡的決定可能會重新考量。內閣發言人森納拉尼（Rajitha Senaratne）告訴路透社：「對中國的立場已經完全改變。西方國家目前情況窘迫，還有誰會借錢給我們呢？」[44]

有錢，說話就大聲，而今天中國比任何人都有錢，講話嗓門自然就大，即使二〇一五至一六年為了支撐下跌的人民幣，外匯存底大失血。斯里蘭卡新政府現在很小心，一方面要求中資企業遵守規矩，一方面又不能冒犯大金主。斯里蘭卡新任總統斯里瑟納（Maithripala Sirisena）二〇一五年訪問北京時，很小心地強調，中資企業今天面臨的問題「責任不在中方」，要怪拉嘉帕克沙政府。[45]財政部長卡路南阿雅克向我說明：「我們盼望中方的是，能夠轉化為貿易的投資。到目前為止，幾乎沒有中方的投資，只有貸款。全都是給營建項目的融資。我們希望中國人投資在基礎設施、後勤，及供出口的工業生產。」[46]

中國的一帶一路倡議提的正是這一類的投資。但是中國對於在斯里蘭卡這樣的民主國家要如何營運，需要更聰明。在斯里蘭卡遇上的波折經驗，不論有多麼短暫，已經告訴中國，海外投資經不起政治風向的變化。中國在斯里蘭卡仍然有影響力，但不可能再恢復以前那種似乎無可撼動的地位——就跟無法在緬甸予取予求一樣。斯里蘭卡或許已向中國投資開門，但是也積極尋求與印度、日本、美國，及歐洲企業更加合作。

就中國而言，斯里蘭卡是個很好的考驗，測試領導人和企業面對國外政治變化是否能靈敏地反應。替代政策研究中心的薩拉瓦納穆圖猛吸一口登喜路（Dunhill）香菸，然後說：「中國人還不了解如何跟民主國家打交道，民主國家會有政黨輪替的。他們寧可與貪腐的獨裁政權來往，然後不去擔心其他問題。」[47]這絕不是中國海外投資第一次在政治不安定國家遭遇波折的案例。北京或許應該覺悟，必須改弦更張，重新考慮和貪腐政權合作的政策了。

北京若要實現亞洲夢，必須信守承諾，推出共同有利的開發案。只要還有人懷疑北京高唱的「雙贏」外交，其實是中國占盡便宜的雙贏。只要還有人懷疑共享商業獲利的甜言蜜語，其實只是中國獨享利益的煙幕，中國將無法贏得鄰國的信賴。

第六章

怒海

南中國海

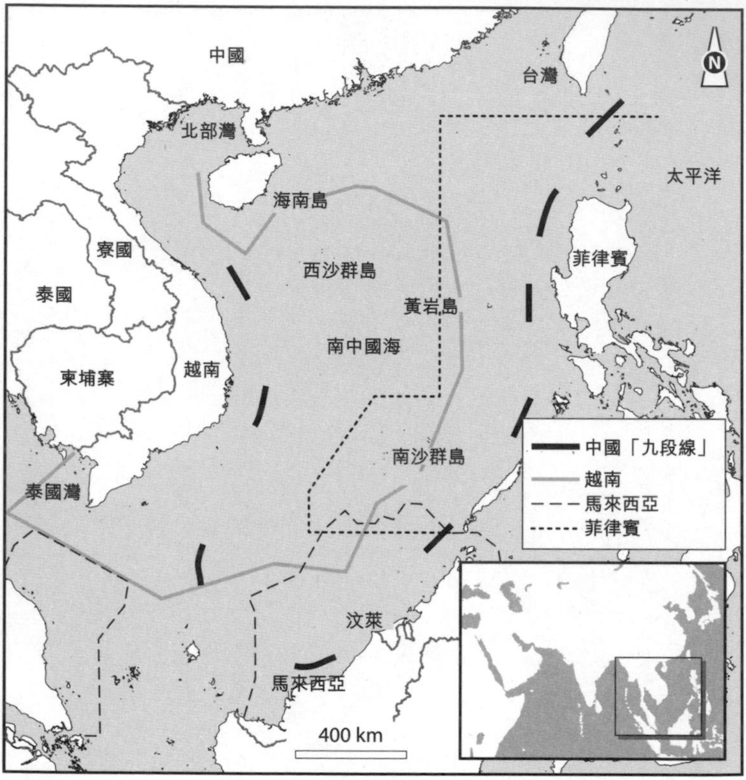
中國
台灣
北部灣
太平洋
海南島
寮國
菲律賓
西沙群島
泰國
黃岩島
南中國海
越南
柬埔寨
南沙群島
泰國灣
汶萊
馬來西亞
400 km
中國「九段線」
越南
馬來西亞
菲律賓

南中國海主權爭議

二〇一四年五月二十三日大清早，黎雪梅（Le Thi Tuyet Mai，譯音）坐上計程車，來到胡志明市統一宮（Reunification Palace）前門。她在越戰於一九七五年四月三十日結束的現場，往身上澆了汽油，點火自焚。不到幾分鐘，警衛就把火撲滅，但六十七歲的這位老媼已經死亡。警察在她燒焦的軀體旁找到幾面小旗子，上頭手寫標語譴責中國在南海的行動，其中之一寫著：「團結粉碎中國侵略陰謀。」[1]

黎雪梅自焚之前一星期，越南全國各地爆發反中抗議和有人致死的暴動。凡招牌上有中文字的工廠皆遭到攻擊、搶劫、破壞和縱火，連台灣人投資的工廠也遭殃。數以百計的中國人和台灣人倉皇逃命，逃出越南。[2]事件導火線是「中國海洋石油總公司」（中海油）決定把一座鑽油平台泊靠在越南外海一百二十海里，中越兩國都主張具有主權的海域。中海油在這座耗資十億美元的鑽油平台「海洋石油九八一號」周圍建立專屬區域，於五月二日開始鑽探。越南派出船艇去阻礙作業，卻遭到中方船隻衝撞。這是中越兩國一九八八年在赤瓜礁（Johnson South Reef）發生衝突，造成七十名越南士兵死亡以來，為了領土糾紛所爆發的最嚴重事件。在越南街頭上，原本暗濤洶湧的反中情緒因它引爆成為重大衝突。

中國這座鑽油平台放置在離西沙群島西南角十七海里的位置，西沙群島由一百三十個珊瑚島、礁和沙洲組成，與中國和越南海岸線的距離約略相等。西沙群島分布的海域面積約有北愛爾蘭或康乃狄克州大小，但中國、台灣和越南都主張具有主權，不過自從中國一九七四年在一場海戰中擊敗南越部隊後，即由中國控制。自從一九八〇年代以來，北京投入大量經費增強在西沙群島的陣地。西沙位於海南島東南方約三百五十公里，而海南島是中國潛艇部隊主要基地。中國在西沙群島中最大的永興島上蓋了相當大的一座人工碼頭，以及可以起降戰鬥機和小型客機的一條跑道。從二〇一二年七月起，永興島正式成為海南省底下「地級市」三沙市行政中心，管理中國在南海的轄區。島上約一千名居民，設有店鋪、辦公室、民宿、食堂、郵局、銀行、學校和診所。北京竭盡全力把這個原本無人居住的小島，改造成為無可爭議的一塊領土。[3]

公平的觀察家不會否認中國對西沙主張主權不無道理，雖然不一定比越南論據更有力。但是更往南數百公里，中國對南沙群島堅持具有主權就十分牽強了。南沙群島共有七百五十多個島嶼、小島、珊瑚礁和環礁，散布在南部越南、馬來西亞和菲律賓外海。有六個國家對這些地貌的全部或部分提出主權主張。以北京號稱「中國最南端領土」的曾母暗沙為例，就知道中國的主張有多麼滑稽。曾母暗沙根本構成不了土地，實際上這個沙洲最高點在海平面底下整整二十二公尺。它位於其他國家沒有異議的中國最南方領土海南島，再往南方超過一千五百公里之上的地方。相形之下，馬來西亞海岸離它只有八十公里。可是北京說自古以來曾母暗沙就屬於中國的，勝過地理位置的遠近。

根據美國國防部的報告，中國自二〇一四年以來已在南海填海造陸、面積超過三千英畝。[4]中國填海造陸動作最積極的重心擺在南沙群島，光是二〇一四至一五年就造出七個新的小島。越南、馬來西亞、菲律賓，和台灣的填海造陸動作都早於中國，但是中國的規模最可觀。華府智庫戰略暨國際研究中心二〇一五年發布的衛星照片，顯示中國的挖泥船將沉積物從海床挖起，再傾倒在先前被海水淹沒的沙洲上。[5]永暑礁是中國在南沙戰略上最重要的小島，在島上蓋港口設施、雷達站，和足可起降大型運輸機的一條跑道。雖然北京宣稱這些建造大部分是民事用途，但很明顯的意欲增強其海、空能力。甚至承認中國需要在南沙群島有更強大的防衛力量，正是因為距離中國太遙遠。[6]

對東南亞鄰國而言，中國在南海的行為就是明顯的擴張主義政策。在此一地區，習近平一再宣示的「中國夢」更像是夢魘。二〇一六年二月，五角大廈證實中國已在永興島部署先進的地對空飛彈，如果飛彈進駐南沙群島，觀察家也不會感到意外。[7]華府擔心南海日益軍事化，遂和其他聲索國站在同一邊。經常針對北京的「侵略」行為發出警告，並且派軍艦駛經緊爭島嶼附近。菲律賓前任總統艾奎諾（Benigno Aquino）一再拿中國在南海地區的擴張，比擬為納粹德國一九三〇年代的行徑。[8]在五角大廈當過顧問的作家兼安全分析家卡普蘭提出警告：「德國領土成為冷戰的軍事前線，同樣情形，南中國海海域可能成為未來數十年的軍事前線。」[9]

亚洲梦

一九七五年，鄧小平對越南共產黨領導人黎筍說，南海諸島「自古以來即屬於中國所有」。此後，這幾個字出現在無數的官方文件，以支持中國對延伸到東南亞國家天然領土的水域所提出的主權主張。[10]北京以一張呈現九或十條U形線的地圖強化自己的主張。形狀有若「牛舌」的這幾道U形線從越南外海往南走，經過馬來西亞大陸和汶萊的海岸，然後轉回來經過菲律賓群島，來到台灣。北京表示，這張地圖顯示中國對幾乎整個南中國海，自古以來的所有權，但中國從來沒有妥當地解釋歷史的根據為何。事實是，中國聲稱自古即對南海擁有主權，其實大部分在歷史上站不住腳。

過去近兩千年，南海和東南亞沿海社區是一個多邊貿易和交易的場所。陸地國界未定，海上界線也不存在。沒有考古證據可證明，十世紀之前有中國船隻出航到南海做生意；直到十世紀才有記載，閩南國商人乘船從今天的福建泉州出海。中國貿易船隊要到十六世紀末才開始超越東南亞船隊的數目，但是這並不能代表駛經的島嶼「屬於」他們的。明朝在十五世紀初派太監鄭和率海軍遠行、經過南中國海，但是這段向外前瞻的時期只持續三十年。此後大明皇帝眼光轉為內向，把鄭和的海圖付之一炬，船艦聽任鏽爛。海頓（Bill Hayton）就南海歷史寫了一本書，他在書中提到：「中國再也沒有擁有一艘能開到南海諸島的海軍船艦，直到五百年後美國送給它一艘。」[11]

十八世紀，中國商人和勞工開始到東南亞各地打天下，環繞著南中國海周邊開始發展出一個「非正式的帝國」。數以千計的移民開闢農場，或從事採礦，在本地區各地形成社群。但是這些移民和滿清皇廷都沒有注意，海岸之外廣大的蔚藍大洋。中國商人一般貼近陸地航行，深怕在中南半島外海那個阻隔了進出大洋的神祕列島。這個迷思終於在一八二一年被英國東印度公司一名水文專家推翻，他發表第一份南海地圖，包含對西沙和南沙群島合理準確的位置圖。可是中國政府的地理知識依然一片空白，作家汪文泰在一八四三年對南沙群島的描述是：「在七洲大洋裡有巨岩，但是我們對它一無所知。」[12]

目前南海疆界的基礎是十九世紀，殖民統治東南亞大部分地區的歐洲列強所訂定，依據西發利亞界線創造固定的國家和畫分疆界。可是對於本地區的政治實體而言，這是完全陌生的概念。傳統統治者的權威通常是由其王國約中心向外輻射，愈遠力量愈減弱。國家疆界一向都很含糊，海上疆界尤其更是含糊不清。現代的政治疆界是在西方列強瓜分彼此的地理範圍時才建立，並且把界限延伸到海上。在中國，現代的主權概念歷經許多年才產生：中國新共和政府在推翻滿清帝國之後的第一份地圖，就根本沒有國界線。

一九一四年，有位中國繪圖師繪製一份一七三五年乾隆皇帝登基時中國版圖範圍的地圖。在南海畫出一道線，並沒有往南超過北緯十五度，只到越南中部外海。唯一在線內的島嶼是東沙島（位於台灣西南方）和西沙群島。

但是一九三三年法國政府宣布兼併更往南約一千公里的南威島時，中國政府做出反應。國民政府在一份機密報告中說：「我們所有的地理學者專家都說（位於西沙群島的）中建島（又名：土來塘島）是我國最南端領土。但是我們或許可以找出一些證據，證明（南沙群島）九個島嶼過去即是我國領土的一部分。」[13]中國在這一年成立「水陸地圖審查委員會」。一九三五年，委員會發表一份島礁沙洲名單，認為它們屬於中國所有，其中包括九十六個位於南沙群島。

白眉初是中國地理學會發起人之一，也是個強烈的民族主義者，曾經複製他自己版本的《中國國恥圖》，標示中國在歐洲及日本帝國主義手中丟失了多少領土。一九三六年，白眉初更進一步發表《中華民國建設全圖》，提出中國的領土界限。圖中有一條U形線繞行幾乎整個南海，直抵最南端的曾母暗沙。國民政府一九四七年發表一份類似的地圖，以十一段線界定中國自古以來的島礁領土。[14]中華人民共和國一九四九年建立後，共產黨政府採納這份地圖，重新繪出九段線。

此後，這張地圖成為中國對大約百分之八十五南海海域主張具有「主權」的基礎。二〇〇九年五月，中國遞交一份地圖給聯合國大陸棚劃界委員會（CLCS），包括標示出中國「對南海及其鄰近海域各島不可分割的主權」之「九段線」。[15]

面。

這是「九段線」第一次出現在官方文書上，不過目前清晰地出現在中國官方所有地圖上面。

我們可以理解，中國的東南亞鄰國非常憤怒。這張地圖引起區域關係快速惡化，可是早先二十年關係卻大有增進。儘管說過南海各島「自古以來」即屬於中國所有，鄧小平很小心不在南海的末梢力主中國的領土主權，寧可強調經濟合作的潛能。鄧小平的確常說，他最自豪的外交政策突破不是中美關係全面正常化，而是改造中國與東南亞各國的關係。原本干戈相見的敵人，中國已變成潛在的夥伴。[16]

可是到了二〇〇九年，這麼多年的精明外交開始解紐。向聯合國提示地圖之後，中國開始強力在南海堅持其領土主權，警告艾克森美孚石油（Exxon Mobil）和英國石油（BP）停止在越南外海探勘，也開始騷擾其他國家漁船。北京首次開始談到這片三百五十萬平方公里的海域是中國的「核心利益」，把它提升到和西藏及台灣相等的位階。這使得華府加入爭議。國務卿希拉蕊宣稱在全世界一半以上商船經此載運的南海，自由航行是美國的「國家利益」。中國當時的外交部長楊潔篪為此大怒，在二〇一〇年七月於河內舉行的東南亞國家協會年會上悍然表示：「中國是個大國，其他國家是小國，這是事實。」[17]

中國的目標是在南海訂定框架，促使鄰近小國家遵守。東協最大成員國印尼的反應是，力促東協內部更加團結。中國民族主義色彩濃厚的《環球時報》警告東協各國，若不後退，將會聽到「砲聲」。[18]但是北京的好戰立場招致反彈。對緬甸和柬埔寨施壓，要它們在東協內部替中國護航之後，曼谷和新加坡反而投向雅加達和河內，這是罕見的集體決心的事例。更糟的是，促使東南亞國家向美國更加靠攏，北京因之更加不爽。二〇一二年，美國揭示「重返亞洲」政策，宣布計畫調整在全世界大洋的海軍部署，二〇二〇年之前將有百分之六十的兵力集中在太平洋。[19]中國和東協的關係當然更加惡化，尤其海軍船艦執行禁止在鄰近菲律賓的黃岩島捕魚的命令，菲律賓遂在二〇一三年一月向聯合國法庭申請仲裁。[20]

亚洲梦

習近平和李克強二〇一三年三月接棒成為國家領導人時，繼承的就是這樣一個熊熊怒火的情勢。起先，他們顯得有意把關係復原到比較正面的根基上。北京以一系列貿易和投資倡議掃遍東南亞，李克強提議以擴大互利為基礎取得新的「政治共識」，並且簽訂一份「睦鄰」條約。[21]緊接著，習近平與印尼、馬來西亞簽訂全面戰略夥伴關係，以增加安全合作和改進經濟關係。這項外交攻勢在二〇一三年十月達到高潮，習近平在雅加達首度宣示打造二十一世紀海上絲綢之路。

但是友好的笑容很快就溶化，北京新的「奮發有為」外交露出獠牙。北京採取強悍做法的第一個跡象出現在十一月，中國宣布在東海設立「防空識別區」，把中國人稱為釣魚台、日本人稱為尖閣群島的海域納進去；中國堅稱日本在一八九五年從滿清偷走釣魚台。任何飛機飛經東海，必須先報告飛航路徑，也要回覆中國軍方的詢問。中、日之間的爭議涉及到歷史恩怨，東南亞方面並沒有這個因素；可是許多軍事分析家還是預期，中國遲早會在南海宣布畫設防空識別區。

二〇一四年，中國的注意力又轉向南方。強調有權規範在「九段線」內所有海域的捕漁作業，並且大規模全面推動填海造陸。接下來，雖然高唱共同開發與合作，北京派出海洋九八一平台前進越南外海鑽油，引爆激烈的反中抗議，甚至發生黎雪梅自焚事件。笑臉攻勢一瞬即過，中國在東南亞海上的外交政策又回復到公然挑釁，在整個地區散布焦慮和恐慌。

從二〇一四年起，中國在南海的政策變成公然的擴張主義。儘管口口聲聲保證不會將該區域軍事化，但是步步行動走向軍事化。如果在填海造陸後的島礁上部署先進的地對空飛彈不叫軍事化，還有什麼叫做軍事化？[22]表面上看，中國強硬的立場像是犯了戰略大錯誤：為什麼要毀棄多年正面外交的成果，換取如此小的明顯受益？

中國肯定不是為了取得海底的石油或天然氣。專家認為南海的石油和天然氣蘊藏量並不大，即使有一些，也很難開採：地理條件太艱困，而且本地區夏天經常鬧颱風。美國能源情報局（EIA）二〇一三年二月發表一份報告，估計南海商業上可行的石油蘊藏量有一百一十億桶；肯定值得開採，但還不足以讓石油業巨擘興奮。[23]相形之下，委內瑞拉已證明的石油蘊藏量將近三千億桶。甚且，南海絕大部分的石油位於個別國家的專屬經濟區，離海岸近；只有少部分位於九段線內有爭議的海域。中國二〇一五年進口三億三千六百萬噸的原油，相當於二十五億桶。[24]因此，即使取得南海海底所有的石油，也只夠中國幾年之需。南海的重要性在於是石油運送的通道，並非是海底的石油。

中國在南海的真正動機是對南海航道取得戰略控制。全世界海運交通三分之一經過南海，包括中國絕大多數的出口商品，以及百分之八十以上的進口石油，都要經過南海。北京建立軍事力量以保護其能源供應線，也是相當理性的判斷。目前控制這條通道的，卻是中國的地緣戰略對手美國。我們可以理解，中國決心確保自家後院的安全。某些分析家認為，中國今天所作所為只是複製美國在十九世紀的做法，把歐洲列強趕出加勒比海。[25]著名的政治學者米爾斯海默（John Mearsheimer）說：「從中國人的觀點設想，要把南海轉化為一個中國巨大內湖，相當有道理。中國人會希望在南海拍板定案，就和美國在加勒比海可以號令天下一樣。」[26]他認為，中國「想要以美國獨霸西半球的方式主宰亞洲」，就從擠滿小國、弱國的鄰近海域開始，也滿合乎邏輯的。

這就是赤裸裸的現實政治。可是北京藉由選擇性地援引法律原則，辯護其行動來強化本身立場。聯合國海洋法公約（UNCLOS）意在為海上主權聲索提供一個現代的法律根據，中國是簽署國之一。根據公約規定，可供人居住的島嶼可以享有二百海里的專屬經濟區。西沙群島位於越南和中國相互重疊的專屬經濟區之內，但是中國對南海最南端和最東端大部分的島礁，並沒有正當的法律聲索權，這些島礁有許多並非自然地可供人居住。縱使如此，中國官方的地圖明白地把南沙群島，以及黃岩島標示為自己的領土。後者是呈三角型的一片礁岩，位於菲律賓外海一百二十海里。中國訴諸歷史先例，主張擁有主權。

北京拒絕接受聯合國對其海洋爭端的仲裁。中國免除自己接受聯合國海洋法公約對好幾類爭端，包括涉及到海上畫界的爭端，所訂定的強制解決程序。菲律賓向設在海牙的常設仲裁法院訴請仲裁之後，中國拒絕參加仲裁過程。反過來，發動宣傳攻勢，譴責這個「濫用法律的法庭」為「非法」機關。[27]即使如此，仲裁法院裁定對馬尼拉提出的十五項仲裁事項當中的七項有權審理。常設仲裁法院在二〇一六年七月宣布無異議一致通過的裁定，此裁定出乎眾人意料更加徹底。裁定中國沒有法律根據可對「九段線」之內各島礁主張歷史權利，也裁定黃岩島只是岩塊，只能享有十二海里的領海，同時又裁定南沙群島的地貌沒有一個可主張享有專屬經濟區。此裁定沒有畫定任何疆界線，或裁定各的主權屬誰島嶼，但是宣布中國對島礁周遭領海的主權主張無效。因此，可以宣布中國所聲索的某些海域，實際上位於菲律賓既有的專屬經濟區之內，並且中國占領黃岩島已經侵犯馬尼拉的主權。[28]北京宣布常設仲裁法院的裁定「無效」，但是身為聯合國海洋法公約的簽署國依法必須受裁定的拘束。

北京堅稱，常設仲裁法院依據聯合國海洋法公約沒有管轄權，因此不能做此裁定。北京口頭上還必須捧捧公約，因為當公約合乎需要時，還得拿出來做幌子。譬如，二〇一四年六月北京遞交一份聲明給聯合國，中國外交部在此一聲明中說，越南企圖擾亂海洋石油九八一號鑽探作業，構成「嚴重侵犯中國的主權」和「嚴重違反包括……聯合國海洋法公約等相關國際法」。中國宣稱對鄰近的西沙群島有效管理，使得領土爭議不能成立：「由於靠近中國領土，鑽油平台是在中國海域之內。」[29]可是菲律賓豈不也是以此為根據，主張對黃岩島擁有主權嗎？比起和中國任何領土的距離，黃岩島更靠近菲律賓海岸線。中國援引有效控制西沙群島，否定越南主張跟中國有主權爭端。日本不也正是以東京管理尖閣群島，已有一百三十年之久為理由來否定中國對釣魚台的主權嗎？一點也不意外，北京要東京承認釣魚台（尖閣群島）主權，屬誰仍有爭議。我們對北京種種論據只有一句評語：他們是一貫的前後不一致。

中國不肯遵守規則減弱自己的政治地位。二〇〇二年，中國和東協會員國簽署「南海各方行為宣言」，同意不升高海上緊張，要以和平方法解決領土糾紛，要遵守包括聯合國海洋法公約在內的國際法。[30]中國在二〇一一年與越南取得協議，要「透過友好談判和諮商」解決海上相關紛爭；又在二〇一二年與菲律賓簽署協議，將中國船隻撤出黃岩島。其實中國完全不遵守這些協議，只要認為會增強中方的領土地位，就任意採取片面行動。拒不接受海牙常設仲裁法院的裁定，只是中國屢見不鮮的行為又一個過分的事例。碰到關係到安全和主權的事情，中國樂於鄙夷西方所制訂的規矩。如果沒有人願意履行，國際法就形同廢紙。

總而言之，北京會挑有利的論據支持自己的主張，但不肯受拘束。中國援引高調的原則，但明目張膽地追求認為會有利於中國的任何政策。中國堅持以雙邊交涉解決爭端，但視情勢是否對自己有利，又會找聯合國介入或自己單獨行動。中國嘴巴上負責任地講透過和平方法解決爭端，但是行動上卻是侵略性十足的單邊主義。越南人把中國這套策略稱為「邊談邊拿」。[31]中國外交部長王毅二〇一四年三月，在全國人民代表大會年會的記者會就表示，外交政策出現影響中國的此一矛盾的動力。他說：「我們願意聽取鄰國的聲音，回應他們對中國睦鄰政策的懷疑。」聽起來還滿合理的，但是他又注入強悍意味地表示，「但是我們將保衛屬於我們的每一寸領土。」[32]

亞洲夢

中國在南海一步步的擴張主義，被人比喻是切香腸。中國小心翼翼每切一塊領土，小到不致於挑激起戰爭，但是積小為大，到最後會激烈改變權力平衡。[33]到目前為止，這個做法相當成功：中國在南海的地位比起十年前增強許多，但是北京的行為卻危害外交工作的長期目標——外交政策應該支援內政目標。中國外交部在二〇一一年的白皮書中肯定這個觀點：「中國外交的中心目標是為其發展創造和平、穩定的國際環境。」[34]習近平本人曾說，中國的奮發有為外交政策必須努力在周邊區域「保衛和平與穩定」。[35]不過南中國海很罕於覺得不夠安全。

中國不斷地切香腸卻可能造成反彈。當中國繼續得罪鄰國時，把它們往中國真正的戰略競爭對手美國懷裡推。二〇一六年二月，歐巴馬總統在加州陽光莊園（Sunnylands estate）接待東協各國領袖，進行一場特別峰會。根據正式的聯合聲明：「對東協，以及對日益親密的美國—東協戰略夥伴關係而言，這是分水嶺的一年。」與會領袖重申相互尊重「所有國家的主權、領土完整、平等和政治獨立」，並且共同承諾要「維持本區域的和平、安全和穩定」，包括「確保海上安全」。[36]接下來華府宣布一項兩億五千萬美元的計畫，要增強海軍及海岸防衛隊在南海的能力，而美國國會批准援助汶萊、印尼、馬來西亞、菲律賓、新加坡、台灣和越南，以增強自己的海上安全。

北京認為這一切就是清楚明白的證據，證明美國正夥同日本、澳洲和印度，與東協建立反中同盟。美國領導人一再呼籲中國停止在南海「填海造陸、興建工程和軍事化」，並且偶爾展現軍事力量以支撐這些要求。二〇一五年五月，美國海軍一架偵察機不理會中方要它離開南沙群島的命令。這造成北京《環球日報》充滿敵意的反應，宣稱除非美國後退，「美中不可避免將在南海一戰」。[37]二〇一五年十月，美國派一艘驅逐艦駛近中國在南沙群島填海造陸的島礁，此舉受到澳洲、日本和菲律賓公開稱贊。報導傳出，中國已在永興島部署先進的陸對空飛彈之後，美國又在二〇一六年二月派一艘驅逐艦，進到西沙群島中建島十二海里以內水域巡邏。

美國為什麼如此擔心中國在南海的擴張呢？有一個不能忽視的問題就是台灣。中國在南海增強部署原因多端，其中之一就是對這個所謂「叛亂的一省」施加軍事壓力，或甚至增強未來對之封鎖或入侵的力道。從美國的戰略角度思考，台灣至少是和菲律賓同等重要。從政治角度看，台灣又更加重要。國會裡的「台灣連線」（Taiwan Caucus）在二〇一六年有兩百零五位成員，是國會山莊裡最大的國家連線組織，[38]也是在國會裡最活躍的特別利益團體之一。保衛台灣已深鑄在美國的中國政策裡，卡特總統一九七八年宣布與中華人民共和國關係正常化之後，國會迅即通過「台灣關係法」（Taiwan Relations Act）加以反制。台灣關係法要求中國若攻打或入侵台灣，美國應軍事介入。美國外交政策圈裡的極端現實主義派人士，從一九七〇年代季辛吉以降，會很樂意犧牲台灣、交好北京。但是只要台灣維持國會的支持，這種解決方法在政治上就不可能通過。[39]

不過，美國還有一個更大的恐懼：深怕中國在南海的擴張，是北京想取代美國成為亞洲霸主的大戰略之一環。美國過去七十年是亞太地區無可匹敵的大國，在亞洲部署的強大兵力帶來和平與穩定。新加坡總理李顯龍二〇一五年在「香格里拉對話」（Shangri–La Dialogue）此一亞洲年度安全峰會的開幕式致詞，即特別強調這一點。[40]美國不會心甘情願地交出在亞洲的領導地位。從經濟角度說，美國有那麼多的貿易必須經過南海運輸，要巡守保護南海關係到國家利益。有一部分是基於這個原因，華府謹慎地建立一個同盟結構來保衛利益，決心保衛支撐自己權力的此一「遵守規則的秩序」。美國國防部長卡特（Ashton Carter）二〇一六年在「香格里拉對話」上要求「人人必須遵守相同的規則」。為了強調這一點，他警告中國，如果不守規則，「可能豎立起自我孤立的長城」。[41]

中國方面則認為，所謂「遵守規則的秩序」是個包藏禍心的制度，設計來圍堵中國的正當崛起，並且支持美國帝國勢力。北京從美國的「重返亞洲」政策中看到華府處心積慮企圖建立區域勢力範圍的證據。更進一步的證據就是，歐巴馬政府號召簽訂「跨太平洋夥伴關係」（Trans-Pacific Partnership, TPP）貿易協定，北京起先也認為這是犧牲中國，在亞太地區增強美國勢力的戰略陰謀。雖然中國並不符合加入跨太平洋夥伴關係的資格，可是越南並沒有被這道門檻擋下來，成不了會員。國防部長卡特似乎證實了中方此一解釋正確，因為他在二〇一五年四月說了一句話：「在我看來，通過跨太平洋夥伴關係協定的重要性，不亞於一艘航空母艦」。[42]歐巴馬在十一月間又說：「如果我們不通過這項協定，如果美國不訂定規則，中國就會制訂規則。」[43]

我們該怎麼辦？二〇一五年七月，中國發表軍事戰略白皮書，明白宣示中國若遭到攻擊，其軍隊將會反擊。[44]因此美國在本區域的任何軍事行動，都有被北京視為是戰爭行動的風險。當民族主義高漲時，直率摒棄會爆發戰爭的機率是愚蠢的行為，不過南海仍然不太像會出大禍。中國需要區域穩定，才能實現國內增長與繁榮；與美國發生衝突將是巨大的戰略錯誤，因為會傷害中國的經濟崛起。美國在亞太地區部署三十六萬五千名常備部隊，一個強大的區域安全同盟，以及到目前為止，世界最強大的軍隊。北京認為，保持不安的和平、耐心地建立「海上事實」，最符合中國在亞洲的長期利益。因此中國將繼續測試華府的決心，但中國不願刺激美國到爆發軍事行動的地步。譬如，北京很小心，不讓填海造陸威脅到國際航運。

這也是為什麼害怕南海會是個即將沸騰的汽鍋，或許是過度擔心的原因。中國決心重新奪回做為東亞中心大國的歷史地位，但是逼美國亮劍並不符合中國的利益。中國最大的區域競爭對手日本，現在已力圖振作，要在安全上扮演更大角色時，這更加接近事實。安倍晉三首相二〇一二年重返執政，他的政見就是廢除戰後和平憲法加諸於日本軍事的若干限制。做為美國的堅強盟友，一旦爆發衝突，日本一定會配合美國行動。因此目前在南海的詭譎鬥智只是影子拳擊：中國軍事上還不夠強大到以武力奪取本地區，北京別無選擇，只能玩長期博奕。

現在最大的問題是，川普（Donald Tramp）新政府如何回應中國的挑釁？北京認為歐巴馬政府色厲內荏，在東南亞的政策讓人討厭，但大半沒有效果。歐巴馬的亞洲政策團隊被華府許多人批評是，二次世界大戰以來最軟弱的一群，他們無心發展一貫的中國戰略。傾向鷹派的觀察家主張華府應該制訂一貫的政策以圍堵中國，並增強美國在南海的軍事力量。但是協調一致、防阻中國崛起的做法，有使緊張升高到真正危險地步的風險。總之，美國最後終需接受中國希望在其後院扮演更大角色的事實，並且設法制訂吻合人人利益的區域新秩序。

越南[45]

越南的國立歷史博物館位於河內法國區中心，前身是法國遠東學院（Ecole Francaise d'Extreme Orient）。[46]這座建築物由法國建築師賀布瑞德（Ernest Hebrard）設計，興建於一九二五至三二年間，一個八角塔，芥末黃色的牆壁和紅陶瓦屋頂。用色很大膽，但也成功地揉合越南和法國的建築風格。博物館的庭園裝飾著佛教神像和古代石碑，遊客可以在爬滿熱帶藤蔓的樹下，躲躲河內熾熱的陽光。

博物館有許多新石器時代的工具、瓦盆和首飾，閃亮的陶瓷、青銅鼓器和陪葬飾品。其中最寶貴的蒐藏品是占婆王國（Kingdom of Champa）時期的一系列漂亮的塑像。這是一千年前在越南中部沿海，極為興盛的一段印度教文明的遺產。但是，越南國立歷史博物館真正要展現的是，越南兩千年來對抗中國入侵軍隊的獨立奮鬥史話。從四〇到九三八年，即中國的漢朝至唐朝時期。玻璃櫥窗裡滿是越南英雄，如何對抗高壓的占領者之可歌可泣故事。有一段陳列品介紹文字指出：「在漢人帝國主宰南越時期，人民在一千多年裡中不斷抵抗一切中華文化的融和之企圖」。其他陳列品也說，中國的桎梏一解脫，越南又花了一千年時間驅退北方一再的入侵。

宋朝一〇七六至七七年入侵越南，李朝大將李常傑領兵抵抗，力克中國百萬雄師、十萬戰馬和兩百萬民伕。根據越南官方歷史，宋軍撤退時，只剩二萬三千四百人及三千一百七十四匹馬。在展示用來殺宋軍的古代劍、刃旁邊，有一張說明卡片寫著：「宋朝為此一戰，虛耗國庫五百一十九萬兩金子。」強調在對抗中國侵略者時，鍛鍊了民族認同意識。可是稱頌李常傑大勝的四行絕句，卻是以古典中文寫下，因為越南是個高度漢化的社會，與越南人十分鄙視的中華民族有十分密切的文化關聯。豎立來紀念越南大捷的石碑，和全中國各地可見的石頭豐碑一樣，都是用中文鐫刻碑文。

國立歷史博物館中最大的石碑有四公尺高、近二公尺寬，紀念十五世紀初擊敗明朝占領軍的「藍山起義」。越南軍隊在豪族黎利領導下與中國部隊交戰十年，終於得勝。黎利在一四二八年建立後黎朝，今天越南每個城市都有一條街道以他為名。可是用來紀念他戰勝的物件，從靈感到設計卻完全是中國式。這塊巨碑立在一隻巨龜上——巨龜在中華文化裡代表長壽與幸運——以中文鐫刻碑文，又配上中國的飛龍。在整個越南悠久的對抗北方侵略者的流血歷史中，中國文化卻滲透到本地人生活中的方方面面，從文字和膳食到藝術和祭拜儀式，莫不如此。直到今天，越南文字仍充滿中文字，北方的文化影響十分明顯。

越南國立歷史博物館是對越南爭取獨立的歷史最具體的禮讚，所表彰的歷史界定越南民族與中國大不相同，但是事實真相恐怕更加複雜。記者兼歷史學者海頓表示，這些民族主義的論述大多是「時代錯置的神話」：對抗「中國人」的英勇奮鬥，通常只是說相同語言的地區性統治者彼此之間的交鋒。[47] 有個越南人在胡志明市和我喝咖啡時，罕見地坦承：「真相是，不論我們有多麼仇視中國人，基本上，我們跟他們是相同的。歷史記載，越人來自長江以南華南地區，後來再繼續南遷到現代的越南。」[48] 在越南傳統中，「百粵」皆同化入中國，只有一支「南粵」——南越——保持住認同。今天一般眾知的中國和越南兩國首次交戰是一九七九年，越南擊退數萬名解放軍部隊。

中、越現代關係的突出點是，絕大多數越南人仍然視中國為世仇。儘管越戰期間美軍曾與日後戰勝的共產黨部隊慘烈交戰，彼此死傷枕藉，美軍老兵回到越南故地重遊仍受到友善對待，中國生意人和觀光客卻遭到胡疑對待。海洋石油九八一事件以來，民意對中國更加敵意深重。根據二〇一五年皮優全球調查（Pew Research Survey），越南人對中國一面倒抱持負面觀感。百分之七十四受訪人對中國有負面觀感，比例之高居各國亞軍，僅次於日本。[49]常常會聽到有人說，「生來血液裡就帶著反中情感」，許多越南老百姓對北方鄰國的仇恨是發自內心的。

在政治圈裡這種感情又更加複雜，越南共產黨欠北京的老大哥相當大的債，因為在越南人所謂的「抗美戰爭」中，南北越激戰，北京出糧米、出槍砲，支持北方共產黨。一九七〇年代末期，中越雙邊關係惡化，柬埔寨赤色高棉政權頻頻犯邊，攻打越南村落，越南共產黨中央政治局認定赤棉是中國的代理人。越南與中國的大敵蘇聯關係親密，使得中越關係益加惡化。越南在一九七八年攻打並占領柬埔寨之後，中、越在一九七九年爆發短促的邊境戰爭。後來一九八八年雙方海軍又在南沙群島的赤瓜礁交火。

然而蘇聯開始解體之際，中國也開始重新掌握共產黨小老弟。中、越兩國共產黨領導人一九九〇年在成都祕密會談後，雙邊關係正式正常化。中國共產黨在河內的影響力於一九九〇年代快速增長，一直維持到今天。越南老百姓認為，政治和軍事圈充斥著中國間諜。強烈愛國的反中情緒，隱藏在對越南共產黨的暗批當中，一般認為它太接近北京。

祥來（Tuong Lai）是越南社會科學翰林院前任領導人之一，曾經擔任過兩位總理的顧問，他就是強烈批評中國的政治影響力的人士之一。祥來經常投書到《紐約時報》與情版，主張越南應更加深化經濟改革，並與美國發展更親密關係。[50]他可以說是越南推動政治改革的一群異議人士的代表人物。二〇一三年，他參與撰寫呈給越南共產黨總書記阮富仲（Nguyen Phu Trong）的一封公開信，建議修改憲法，「確保實質權力歸屬人民」。[51]其他的批評者膽敢如此放言無忌，早就鋃鐺入獄，但是祥來人脈關係夠（可能也是因為年事已高），沒被抓去吃牢飯。

五月間，胡志明市某個炎熱的上午，我跳上翻譯員摩托車後座，投入尖峰時段車流亂陣，三十分鐘後平安抵達市區南方祥來的住家。我們穿過紅樹林沼澤和西貢河舊港口生鏽的倉庫區時，上百萬的摩托車像一群怒蜂呼嘯而過。滿頭銀髮，穿著條紋馬球衫的祥來把我們迎進他那摩登、通風良好的公寓，客廳布置著以中文繁體字書寫的越南古詩字畫。我們品嘗竹杯內的綠茶，他滔滔不絕地說起越南和中國漫長的恩怨情仇歷史。他一開口就說：「反中國擴張主義的鬥爭，就是反越南領導圈邪惡份子的鬥爭。就是那些遵循中國意識型態的壞份子。中國在南海變得愈來愈有侵略性，這是對越南主權極大的威脅。」他激昂地揮著手宣稱，阮富仲總書記二〇一五年訪問北京，未就中國在南海的海上挑釁動作表示抱怨，形同「叛國行徑」。[52]

祥來又說明，中國如何刻意挑戰美國在亞洲的領導地位。「北京目前在南海的擴張主義政策，是一貫的政策。」他又說：

「韜光養晦」政策只是鄧小平的戰術動作，等候適當時間才在海外投射中國的力量。二十一世紀的安全環境對華府而言，太複雜了。在全世界面臨許多困難，尤其是在中東，以及和俄羅斯打交道時。中國領導人理解這是他們改變做法的適當時機。

他的結論是，中國的野心就是完成二千年來夢寐以求的目標：「中國想把越南變成藩屬，南海是中國成為超級大國的大戰略之焦點。」

河內官方路線就不是這樣具有挑釁意味。官方的思維大體上就是：「不管我們喜不喜歡，中國是我們強大的鄰國，這是地理上注定的。因此我們應該盡全力與中國合作，不要刻意去刺激它。」[53]不過這個立場愈來愈受到質疑，即使越南共產黨內的親北京派也出現雜音。中、越兩個共產黨之間的體制關係仍然存在，但已在磨損中。根據越南共產黨中央政治局二〇一三年核定的外交政策框架，越南視中國為經濟和意識型態方面的夥伴，但在南海事務上是對手。但是二〇一四年的海洋石油九八一事件，突顯出中國看不起越南的主權，也蔑視國際法，親北京派的勢力似乎在消退。當年阮晉勇（Nguyen Tan Dung）總理說：「越南一向希望和中國和平、友好，但是我們不能拿我們神聖的獨立和主權，去換取難以捉摸的和平或任何形式的依賴。」[54]

習近平二〇一五年十一月訪問越南，是十年內第一位到訪的中國國家主席，西方媒體視之為中國希望重新拾起失去的影響力之代表。他的行程刻意安排在越南共產黨二〇一六年二月召開第十二屆全國代表大會之前，這是共產黨領導人將決定未來五年越南執政班子的重要會議。迎接習近平到訪的卻是河內和胡志明市街頭的遊行示威，和社群媒體上的反中抗議。但是習近平在河內也受到二十一響禮砲的隆重歡迎，還罕見地受邀到國會演講。習近平在二十分鐘的講話中強調：「中、越兩國飲水同源，具有同志、兄弟般的友誼。」他大談兩國之間的「傳統友誼」和「相互信任」。[55]中國官方通訊社「新華社」報導，習近平的演說受到「熱烈」歡迎，其實他的示好言詞受到沉默對待。有位不具名的越南官員告訴《華盛頓郵報》，「氣氛非常緊繃」。[56]

習近平利用下半段演講呼籲加深中、越經濟合作。他說：「雙方應該攜手創造區域秩序和環境，造福亞洲和整體世界。」對北京而言，這種「雙贏合作」其實就是在中國領導的區域秩序之下促進區域繁榮，偏偏這正是越南愛國人士極力要避免的東西。北京很清楚越南經濟上十分依賴中國。越南對外貿易總額有百分之二十來自和這個北方鄰國的交易，越南近百分之三十的進口也來自中國。[57]雙邊貿易赤字高達二百五十億美元，令河內傷透腦筋。越南曉得未來的發展要靠出口產業，而出口產業則要靠從中國進口原材料及投資。

經濟上，北京握有相當大優勢。我們不妨看看以下數字。越南二〇一五年全國國民生產毛額一千九百四十億美元，比起毗鄰的廣西省（二千七百億美元）和雲南省（二千二百億美元）還相形見拙，而這兩個省在中國還是最窮的省份！越南希望能像中國的出口重鎮廣東省，而廣東省的經濟規模大出越南六倍。二〇一四年，廣東的出口總值七千四百六十億美元，越南只有區區一千五百億美元。[58]越南北部大部分崎嶇多山又貧窮，並且依賴中國供應電力。二〇一四年海洋石油九八一號事件後，越南全國熱烈討論「擺脫中國」的經濟代價。河內經濟學者估計，如果中國對越南禁運，越南的國民生產毛額將縮水百分之十至十五。[59]如果越南想要開發，根本得罪不起北京。

中國則看到很大的潛力在越南擴大投資。北京雖然高調誇口是亞洲開發的引擎，中國在越南的投資紀錄並不起眼。中國在越南中央高地（Central Heights）的礬土礦及加工設施就被普遍認為具有剝削性質。礦主遭到控訴，指他們破壞在地環境，員工全自外地引進，因而引發抗議。一家中資企業在胡志明市承包的運河清理項目，被認為糟透了。抗議民眾在二〇一五年四月圍堵一條國道公路達五天，要求停止一家中國人蓋的發電廠不再汙染環境。中國在越南的累積投資金額為八十億美元，居第九位，落在南韓、日本和台灣之後，現在也被美國趕過。[60]

習近平在向越南國會演講時，明白提到在一帶一路倡議下，改進兩國間的交通運輸基礎設施。[61]中國把自己野心和已得到多邊機構支持的既有項目連結起來。二〇〇九年，亞洲開發銀行認可二十一項基礎設施「旗艦級」項目——十二項為交通運輸項目，九項為能源項目

——攸關到區域的成長。其中一個項目是新蓋一條高速公路，從華南的廣西經過邊境的諒山省（Lang Son），到達越南北部的河內。亞洲開發銀行認為在這裡及大湄公河次區域其他地方，更有效率的交通通道將有助貿易與投資的上升，幫助貧窮的農民方便進出市場。[62]

越南和中國官員對諒山人民畫大餅已經有十年之久。二〇〇八年，正式成立一個「國門經濟區」，要串連廣西、河內，並推及到海防港，建立一條經濟走廊。二〇一三年，中國總理李克強訪問之後，越南和中國同意在諒山及邊界另三個地方成立新的經濟特區。他們提到興建保稅倉庫和一個工業園區，以歡迎中國來的出口加工廠進駐。他們承諾，河內－諒山段高速公路將在二〇一五年前完工。[63]

可是我在二〇一五年夏天訪問諒山時，高速公路根本都還未開工。從河內出發的巴士沿著舊公路，蜿蜒穿過景色優美的鄉間，卻絲毫不見貿易、商務或工業的蹤影。戴笠帽的農民趕著水牛在田中耕作，村民坐在路邊喝茶。諒山市離邊界只有十五公里。即使在很大的中央市場，我碰到的人沒一個聽得懂中國話。更奇特的是，看不見有卡車載貨從中國那一頭入境。寮國北部和緬甸東北部的邊界市集城鎮，市場裡擠滿中國商人，這兒不一樣，中國似乎是很遙遠的東西。要說什麼忙碌的跨邊境經濟走廊，這裡鐵定不是。

數百年來，諒山是中國部隊入侵的第一站，這兒反中的情緒非常深刻。一九七九年中越邊境戰爭時，諒山遭中國軍隊攻陷，兩軍進行激烈巷戰，半個城市毀於戰火。戰爭的記憶猶新，難怪本地人仍然對中國抱持戒心。原則上，中國出資、協助建設基礎設施值得推薦。中國本身的經驗顯示，大量投資可以很快刺激經濟發展。不過，不先克服歷史障礙和人民的戒心，中國沒有辦法把發展模式越過國境引介進來。

中國在越南的野心也因為中國營造廠商以施工草率聞名而受到阻滯。以中國中鐵公司為例，經費四億一千九百萬美元的河內市新捷運系統，得到中國的開發援助貸款，發包給中鐵公司承造。當我二〇一五年五月參觀其中一個新車站時，看到的工地遍地垃圾廢棄物、扭曲的螺絲鋼筋和一堆又一堆的臭水塘。建案已經落後進度三年，而且預算超支甚為驚人。前一年的十二月，鷹架倒塌，鋼筋、水泥掉下來，砸死計程車上三名乘客。還不到一個月，同一個工地又發生鋼筋掉落砸死一名摩托車騎士的事故。中鐵公司在中國各地已興建數千公里長的鐵軌，可是河內居民深怕中鐵公司蓋的捷運會崩塌。中鐵公司的標記在河內市幾乎看不到，宣揚中資公司參與捷運興建顯然對任何一方都沒有好處。64

胡志明市的第一條捷運路線由兩家日本商社承建，現場情景完全不同。在法國人蓋的漂亮的歌劇院對面有個中央廣場，廣場裡一座大型看板赫然就是代表日本的鮮紅烈日和代表越南的黃星並列；昭告天下這是「越日友好合作」的代表作項目。清水建設公司（Shimizu）和前田建設公司（Maeda）這兩家日本營造廠得到日本外援機構的資助。這是東京政府在面對中國競爭下，加強日本外援和投資的表現。中國人投資受人怨恨，日本人投資卻大受歡迎。

亚洲梦

我下榻的西貢大陸酒店（Hotel Continental Saigon），似乎是全市歷史最悠久的旅館。我從房間窗子可以眺望捷運的進展。酒店完工於一八八〇年代，白色的多利亞（Doric）圓柱和乳白的外牆，讓人彷彿又回到法屬印度支那的殖民時期流金歲月。到了一九三〇年代，西貢被認為是東方世界殖民大都會之一。今天，雖然殖民時期的辦公廳舍和別墅已被拆平，改建摩天大樓，觀光客仍然會到兩座羅馬天主教大教堂，以及郵政總局雄偉的舊址去遊覽。事實上，當時西貢居民只有十二萬五千人，其中法國人勉強超過一萬二千人。相較於上海的三百萬居民和十萬多外籍人士，西貢只能說是個小型貿易站。到了一九五〇年代，法國殖民進入尾聲，作家葛林（Graham Greene）落腳西貢大陸酒店，寫出法蘭西帝國落日餘暉的經典著作《沉默的美國人》（*The Quiet American*）。

半個多世紀之後，西貢開始兌現承諾。一九七五年五月，共產黨部隊進城後，把西貢改名胡志明市，人口膨脹到一千萬人，躍居大陸東南亞第二大都會，僅次於曼谷。[65]街頭有六百萬機車騎士穿梭，各國特色美食任君挑選。如果經濟改革能把發展推展到此一經濟首都之外的地區，越南可能可以欣欣向榮，同時又維持住經濟獨立。東南亞經濟整合的前景，加上國內需求增長、勞動成本低廉，胡志明市已成為外國製造業者匯聚的中心。許多投資家蜂擁而至。僅次於中國，越南在二〇一四年比亞洲其他國家吸引更多的外人直接投資（不過在二〇一五年已被印度和印尼超過）。[66]

令人樂觀的原因之一就是，越南加入美國提倡的「跨太平洋經濟夥伴關係」，這個多邊貿易協定把全球經濟百分之四十包含進來。在川普當選美國總統，快速降低協定獲得美國國會批准的機率之前，一般預期越南將是十二個成員國當中最大的受惠國家。有一項評估指出，十年內，越南經濟將增長百分之十一，出口也將大增百分之二十八，大為降低對中國的貿易依賴。[67]如果越南遵守跨太平洋經濟夥伴關係協定原始的反競爭條款的規定，讓國有企業壽終正寢，轉而持續支持民營企業，條約雖經修改，還是可以有助於經濟發展。鑒於跨太平洋經濟夥伴關係被公認提供動力促進市場開放的改革，某些越南人認為這是越南企圖掙脫中國而獨立，歷時兩千年鬥爭的最新篇章。

祥來教授說，跨太平洋經濟夥伴關係的重要性超越經濟層面。他在二〇一五年四月投書《紐約時報》表示，「越南加入可以重新調整本區域的地緣政治關係，有助於防止中國在南海的擴張行為。」[68]河內在二〇〇八年就開始談判加入跨太平洋經濟夥伴關係，但越南分析家說，美國必須在過程中一再甜美蜜語相勸。河內舉棋不定，可能反映越南共產黨內部對美國仍然信任不足。但是越南共產黨總書記阮富仲二〇一五年七月訪問華府，歐巴馬總統在白宮橢圓形辦公室接待他，為兩國一年來的忙碌外交交涉定調。越南在二〇一六年二月決定加入跨太平洋經濟夥伴關係，象徵在制衡中國的努力上踏出重要的一步。

美、越關係趨向融洽在二〇一六年五月展現無遺，歐巴馬總統到訪引來民眾湧上河內街頭歡迎，與習近平六個月前到訪的民間反應截然不同。越戰結束之後四十多年，越南成為亞洲對美國最友善的國家之一。根據皮優的全球態度調查，二〇一五年有百分之七十八的越南人對美國有好感，[69]對中國有好感的越南人只有百分之十九。[70]歐巴馬總統宣布解除數十年來不准販售軍事設備給越南的禁令，但是他堅稱這個舉動「不是根據中國因素」而決定。[71]他接下來的話卻很清楚是針對中國，他說：「越南將更方便取得你們增進安全所需要的器械。主權國家不論大小，領土都應受到尊重。大國不應該欺凌小國，爭端應該和平解決。」[72]

胡志明市智庫「國際研究中心」（Center for International Studies）主任張明武博士（Dr. Truong-Minh Vu）和我一起吃午飯時說：「中國的行為把越南推向美國。」他說：

南海議題在二〇〇九年鬧開了之後，政府開始討論如何處理中國的強悍。越南開始追求平衡和避險的政策，經濟上、外交上和軍事上都是。越南更走向美國、日本、俄羅斯和印度。[73]

除了研議要和歐盟簽署自由貿易協定之外，越南已經和南韓及俄羅斯領導的「歐亞經濟同盟」簽訂自由貿易協定。越南迅速現代化海軍，也開始與美國太平洋艦隊的船艦進行聯合作業。不過很小心，不跟美國走得太近。張博士解釋：「越南不願被認為是選邊站，（與美國）結盟對抗中國。」

地緣政治的現實是越南不能完全脫離中國的軌道，可是也沒被詛咒必須受到鄰國巨人的控制。由於沒有人懷疑北京的意圖就是對南海取得實質控制，河內必須訂定強硬的反應，但又不能在經濟上危及國家。華府戰略暨國際研究中心研究員海伯特，二〇一五年五月出席美國國會聽證會時說：「辯論的焦點不是越南是否應該向中國屈服，或與中國保持距離，而是要如何、在何種程度，利用和美國、日本和印度等國家日益升溫的夥伴關係，牽制中國的蠻橫。」[74]

對北京而言，越南就是中國在亞洲外交的試金石。二〇一五年六月，就在阮富仲總書記訪問華府之前，中海油又把石油鑽探平台移近越南海岸。阮富仲在一般人心目中被視為親中派成員，但是出乎各方意料之外，他在二〇一六年一月贏得黨內權力鬥爭，續任總書記。他和歐巴馬總統會談成功，象徵河內正在漂流離開北京，以便保護自身的戰略自主。這也顯示，即使北京與菲律賓新任總統杜特蒂（Rodrigo Duterte）在二〇一六年十月顯得哥倆好，北京在南海議題上毫不妥協的立場，已經把鄰國推向美國無任歡迎的懷抱。[75]

張博士說：「只要在南海有主權衝突，中國打造『共榮』的目標在越南就行不通。他們需要了解，不能用金錢收買我們的主權或我們的善意。」[76]

結語

國家是因為出於設計而邁向大國，或是因為必要而順勢而成為大國？歷史顯示，往往兩者兼具。習近平追求他的「大國外交」願景時，他把外交事務要韜光養晦、自我節制的舊理論拋到九霄雲外。他追求民族復興——「中國夢」——是恢復中國在亞洲傳統領導地位的刻意嘗試，不只要做為大國，還要成為區域發展的力量。中國小心翼翼使用經濟外交爭取鄰國接受它的願景，並以商業抵制和軍事行動隱含威脅。

事實真相是，中國別無選擇，必須開始舉止行動像個大國。鑒於其人口眾多，以及過去三十年經濟增長突飛猛進，已經大到無法裝聾扮啞。美國和歐盟官員長久以來都呼籲中國在世界事務扮演積極角色。套用美國前任副國務卿佐立克（Robert Zoellick）的話來說，要成為「負責任的利害關係人」（responsible stakeholder）。[1]現在，中國的領導人開始接受這個地位，追求更強力的外交政策和建立自己的國際機構，美國和某些亞洲盟國卻開始焦急。可是，中國的經濟和戰略利益分量日益加重，表示再也不能不扮演更積極的全球角色。簡單地說，為了保護海外利益，中國必須介入別國事務。大國一般都會這麼做。

中國需要保護的是什麼利益？中國在二〇一五年七月頒布實施的國家安全法，說明了所謂的「核心利益」是什麼。[2] 以外交政策而言，就是主權及保衛領土完整的原則。除了台灣、西藏和新疆，外交政策官員現在也表明，北京把南海及目前由日本控制的釣魚台（尖閣群島）也視為核心利益。印度的阿魯納恰爾省，中國人稱之為「藏南」，可能也列入這個範圍。在中國看來，本來就屬於自己的領土主張主權，怎麼能說是擴張主義的行徑？

習近平新近提出的，在亞洲奮發有為的外交政策明白宣示：中國會把貿易、投資，和其他經濟好處送給所有接納，或至少不挑戰，其核心利益的夥伴。中國仰賴經濟外交，是因為缺乏政治影響力。美國在亞洲的力量來自於區域同盟結構，中國和美國不一樣，需要經濟夥伴才能追求地緣政治目標。一帶一路倡議的戰略目標是促進中國成為發展的引擎，編織在亞洲及其他地區相互依賴的網。北京希望大規模基礎設施的投資，將說服亞洲國家把經濟利益放在安全考量的上位。

中國的長期目標是把鄰國的繁榮和本身的進展綁在一起，構成所謂的「命運共同體」。中國會成功嗎？首先，北京必須拚命爭取信任，尤其是在依賴民意支持的政治體系裡。在與中國有領土糾紛的國家，或是對中國有長期歷史恩怨的國家，如越南和印度，尤其是如此。中國的「雙贏」外交概念經常被譏為「只讓中國雙贏」的代稱。沒有人會認真相信中國的動機是把發展推及到國門之外，特別是中資企業根本沒有這方面的開明紀錄。

即使中國某些外交政策顧問也警告說，擴張經濟可能招來反彈，緬甸和斯里蘭卡的事證就在眼前。中資企業有許多是國有企業，它們罵名在外，不太介意當地的敏感事項，不論指的是引進中國工人，或是破壞環境。中資企業樂於與地方菁英或非經民選產生的官員交往，但十分不擅長與公民社會打交道。當偏袒中資企業的夥伴當權時，這種做法可能行得通，可是威權政府往往撐不住就崩潰。政治風向丕變已經推倒許多海外大型投資，日後這種情形還會不斷發生。

中國將拚命說服多數亞洲國家，的確用意良善。根據皮優研究調查全球態度的結果，巴基斯坦、馬來西亞和印尼對中國印象良好；在菲律賓和印度則喜憎互見；而越南和日本就一面倒負評沉重。[3]蒙古、哈薩克、吉爾吉斯和俄羅斯遠東地區有許多鄉野稗史，因歷史記憶或蘇聯多年反中宣傳作祟，害怕中國「入侵」的心理仍很普遍。雖然這些國家樂於接受中國的投資，這種恐懼感仍會孕育怨恨。

現實狀況是，未來幾十年，中國勢力在亞洲各地的能見度將愈來愈強大。在中資企業擴張進入新市場，數以百萬計的中國人遷居國外找工作之下，北京將發現自己無可避免地被牽扯進外國政治的渾水。二〇一一年春天這個跡象首度浮現，不是在亞洲，而是在遙遠的北非。利比亞陷入動亂，中國出動飛機、船隻、巴士和卡車，撤出三萬五千多名中國工人。中國在聯合國安全理事會投票支持對虐待人民的格達費（Muammar Gaddafi）施加制裁，也同意第二項決議，此一決議最後導致北約組織帶頭，促成利比亞政權更動。[4]

北京不尋常地介入外國內亂反映出一個冷酷的現實：七十五家中資企業在利比亞總共投資約一百八十八億美元，而中國必須保護僑民和資產。推翻另一個國家的專制領袖，是中國本身專制領導人不敢掉以輕心的大事，原因不用說，大家都清楚；但是利比亞發生的狀況讓他們別無選擇。我們不難設想，亞洲若發生類似危機需要中國採取類似的干預行動。中國更加強悍，不只是尋求恢復民族榮光之際意識型態產生變化。這是在商務及戰略擴張之下必然的結果。

估計中國已有五百萬國民僑居海外，隨著一帶一路倡議進展，對中國國家機關的要求將會上升。中國已經承諾大舉投資巴基斯坦，將是中國僑民最大的安全風險。薛尼（David Sydney）曾任美國主管阿富汗、巴基斯坦，和中亞事務的副助理國防部長，為中國政府處理本地區的策略借箸代籌、提供建議。他警告說：「中國公民遭到殺害，還會有更多人喪生。」[5]伊斯蘭馬巴德已在訓練一支特種安全部隊，組織數千名警衛保護在「中巴經濟走廊」這個連結絲綢之路經濟帶的最大項目工作的中國國民。但是北京深怕不安全會溢散越過邊境，進入自己動盪不安的新疆。在巴基斯坦，就和鄰國阿富汗一樣，中國已經發現經濟問題和安全問題無法分割。

習近平已經保證動用中國國家機關的力量，包括軍事力量在內，來保護中國人民安全。

習近平在二〇一二年的中國共產黨第十八次全國代表大會上接篆出任總書記，「保護海外國民」終於列入政治優先事項。[6]二〇一三年北京發布的國防白皮書也首度表明，解放軍必須提供中國海外利益保護。即使成為國家政策之前，中國部隊二〇一一年已在泰、緬、寮三國邊境交會的金三角地區，追拿殺害十三名中國士兵的凶手，即使這些行凶犯案是發生在中國國門之外。調查工作導致一名緬甸幫派頭目被引渡到中國雲南起訴和槍決，以及中國部隊進入湄公河巡邏。[7]

中國的經濟外交的假設前提是保證會互相有利，不過只要國家權力崩潰，這項政策就會遭受到重大壓力，而使中國的利益受到威脅。假設中國工人在巴基斯坦遭到屠殺，北京會感受到極大的國內壓力要求直接介入。過去，外交部曾經收到民族主義者寄來鈣片，諷刺它骨頭不夠硬。[8]習近平改採奮發有為的外交政策，是要彰顯中國是個大國，但也是對成為大國之後的現實做回應。

歷史顯示「貿易跟著國旗走」，但有時候也會「國旗跟著貿易走」：英屬印度先是由英國東印度公司負責管理的貿易殖民地，直到一八五七年發生暴亂起義，英王才決定直接派官治理。[9]沒有人預測會出現中國式的帝國，但是北京決心保護其國家核心利益及人民權利，代表外交事務上不再介入他國事務已經不再是選項。經濟現實促使中國走向大國地位，中國將在全亞洲投射更大的政治和軍事實力，不論亞洲人想不想要。

一八九〇年，德國皇帝威廉二世（Kaiser Wilhelm II）在外交事務上發起窮兵黷武的「新方向」，終於導致第一次世界大戰的殺戮慘劇。一九一五年義大利出現一幅卡通畫，描繪留著八字鬍、戴著盔帽的貪婪的德皇企圖吞下全世界。[10]什麼時候習近平的臉也會出現在類似的卡通畫上？中國自一九七九年以來就不曾打過戰爭，但現在評論界流行把中國的崛起和德意志帝國的崛起做比較。[11]這些比較並不公允：中國的軍國主義也不過在南海蓋一、兩個基地而已。不過，一想到有個更傾向干預主義的中國願意四處展露經濟和軍事力量，它的鄰國莫不心驚膽跳。

中國的領導人樂此不疲宣揚中國是個愛好和平的國家。但是他們企圖讓容貌或言詞強硬起來，卻不能驅散外界對「中國威脅」的焦慮。以二〇一五年九月三日北京舉行閱兵大典，解放軍雄糾糾、氣昂昂踢正步，展現軍事力量那一幕為例。習近平向全世界好幾億電視觀眾宣示：「我們中國人愛好和平。不論我們變得多麼強大，中國絕不爭霸或擴張。」[12]可是，一萬兩千名受校部隊，一大堆洲際彈道飛彈、先進轟炸機、坦克和攻擊直升機，敘說的是另一種故事。這並不是中國第一次就其軍事意向發出軟硬兼具的訊息。二〇一四年在巴黎發表講話時，習近平引述拿破崙當年的比喻：「中國是一頭睡獅，當牠醒來，將撼動全球。」習近平疾呼：「中國已經醒了。且是和平、親善和文明的巨獅。」[13]

蘇聯式的炫耀兵力和借拿破崙譬喻睡獅已醒，可都無法令人相信中國天生愛好和平。但是事實真相是，中國人認為自己是受威脅的一方，並非威脅他人。這裡頭並沒有太荒謬。亞洲安全體系是由美國主導和支撐，美國和日本、南韓、菲律賓、泰國，及澳洲維持好幾個區域防衛協定和正式同盟。另外還和新加坡有安全夥伴關係，並與越南、馬來西亞、印尼和印度在發展關係。因此中國的不安全感，不全然是偏執狂作祟，而是的確被美國盟友包圍。

中國相當合理地決心，要稀釋掉美國對其周邊鄰國安全的掌控。二〇一四年，習近平在上海的一項國際安全會議上揭露新的「亞洲安全概念」，基本上呼籲亞洲的安全應該交給亞洲人。[14]人人都曉得他真正的意思：美國的角色必須降低。但是中國碰上的問題是，只有很少許亞洲國家希望美國離開本地區，他們認為美國的駐軍攸關到維持力量平衡。事實上，對歐巴馬政府最大的抱怨是，不肯落實「重返亞洲」（後來改名「亞洲再平衡」）政策。有位亞洲國家大使在華府接受訪問時告訴我：「我們需要強大的美國領導。」[15]

這並不是鷹派在呼喚美國，以更強勢的政策圍堵崛起中的中國，事實恰恰相反。亞洲各國外交官感到相當挫折，美國不願正視中國崛起的戰略意涵。他們感嘆華府拒絕承認中國是個大國，必須在區域安全結構裡騰個位子接納它。他們支持美國在維持區域和平與穩定時所扮演的重大角色，但他們也很清楚地緣政治現實——中國位居亞洲的中心，北京認為亞洲是中國的勢力範圍。這位大使說：「目前不會有令人人滿意的結果。維持現狀不再是選項，中國力量增長意味本地區相對實力已經出現變化。」

美國堅稱自己的中國政策是交往，不是圍堵。但是華府繼續把中國視為戰略對手，必須加以牽制。歐巴馬政府宣布「重返亞洲」之後，與區域盟國增強軍事關係，在和中國的海上糾紛中偏袒東南亞國家，又遊說美國友邦不要加入中國倡議的亞洲基礎設施投資銀行等組織。北京心懷疑念的觀察家認為，跨太平洋夥伴關係協定包含環太平洋周邊地區十二個國家，獨缺中國，就是美國存心遏阻中國做為大國的正當野心的另一個動作，即使雙方的官方說詞是中國日後可以選擇是否參加。這不再是可以無限期持續下去的情勢。

中、美之間兩年一次的高峰會議在小議題上有溫和的進展，但卻頑固地迴避我們這個時代最大的一個戰略問題：中國要如何在一個由美國主導並支撐的安全體系之內成長？美國不理會這個議題，是因為不接受中國是個平起平坐的大國。中國不想談判，是因為認為自己已在緩慢、但穩定地走向取代美國之路。中國將會持續發揮經濟實力，及堅守逐步取得南海控制權的政策。可是未來的領導人，必須在摩擦變成衝突之前處理這個問題。

華府鷹派人士有一派主張，要提出新的大戰略圍堵北京。有一種說法是，美國必須竭盡全力阻止中國取代它成為亞洲的主導大國，這代表美國軍方必須增強在南中國海的海、空兵力。[16]這個做法只會讓戰爭的威脅更加接近。外交政策圈裡比較理智的一派認為，美國需要默認接受北京。這代表想方設法承認中國的全球野心，讓它在其自身區域有更大的行動自由，可是同時要維持美國本身的戰略力量。

後者這派戰略，吻合目前亞洲大部分國家的觀點。中國的經濟拉力很真實，但還不夠強大到足以說服其鄰國，讓大家接受若無美國的安全力量會更好。絕大多數亞洲國家一致支持美國做為制衡中國的力量，不過反對美國觸怒中國，陷大家於危險境地的政策。沒有人希望成為美、中三明治當中那塊肉。他們知道中國這個經濟超級大國的軍事力量也在日益強大，北京不願意在自己的後院屈居老二地位，若是想要圍堵它，可謂愚蠢之舉。

我當然沒有能耐給美、中如何避免一戰開藥方。然而，我認為美國及其區域盟國必須接受中國在亞洲畫出勢力範圍的決心。而接受中國崛起的無可避免現實，最安全的一條路是接納中國進入修正過的區域安全結構。至於中國肯不肯接受這樣的禮讓，那是另外一個問題，而且很大一部分要看未來幾十年雙方相對實力消長而定。但是當中國追求其民族復興的前景時，也必須付出。不然的話，「中國夢」可能就成為亞洲夢魘的悲劇。

致謝

本書是花了兩年時間在中國邊區各地及亞洲偏遠地區進出，實地採訪的成果。如果沒有香港佳富凱集團（Gavekal Research）和北京佳富凱龍州經訊顧問公司（Gavekal Dragonomics）同仁的支持，是無法完成的。特別感謝葛勢豪（Arthur Kroeber），他鼓勵我從辦公室消失，以及Louis Gave，他不介意我不坐在辦公桌旁。非常感謝Simon Prichard, Tom Holland, Udith Sikand, Chris Rickleton, David Elmer, Paul Mooney和David Brown，他們詳閱本書的初稿和以前的文章，揪出錯誤，並提出有用的建議。

我的研究和旅行得到許多人士的協助。在北京，有Ignacio Asenjo, Andrew Baston, Chen Long, Erman Cui, Simon Denyer, Matt Ferchen, Thomas Gatley, Philippa Jones, David Kelly, Calum MacLeod, Pratik Mathur, Alanis Qin, Felix Roberts, David Sidney, Ruslan Suleimenov, Dina Turarova, Rosealea Yao, 王緝思，Joerg Wuttke和查道炯。在香港，有Gavin Bowring。在昆明，有Lu Guangsheng。在阿斯塔納和阿拉木圖，有Nurbala Amiebayera, Aidar Azerbayev, Amer Durrani, Steven Freeman, John Gray, Janet Heckman, Ann Herrigan, Nargis Kassenova, Joanna Lillis, Yelena Sadovskaya, Leilya Shamell, Brian Shelbourne和Dena Sholk。在比斯凱

克和奧什，有Bakyt Duashov, Sultan Khalilov, Uluk Kydyrbaev, Roman Mogilevskii, Nazira Raymond, Talant Sultanov和Deirdre Tynan。在仰光和曼德勒，有Jan Ano, Roman Caillaud, Nickey Diamond, Stuart Deed, Josh Gordon, Judy Ko, Thura Ko, Aung Naing Oo, Tao Ye, Khin Tun和Wong Yit Fan。在金邊，有Daniel de Carteret, Julian Rake, Sok Siphana和David Van Vichet。在胡志明市和河內，有Mike Ives, Nguyen Thanh Tuan, Nguyen The Phuong, Nguyen Trung Truc, 祥來（Tuong Lai）和Truong- Minh Vu。在新加坡有Kanti Bajpai, Selina Ho, 黃靖, Tomoo Kikuchi, C. Raja Mohan, Alex Neill和Ian Storey。在可倫坡，有Krishantha Coorey, Karu Jayasuriya, Ravi Karunanayake, Vidya Nathaniel, Paikiasothy Saravanamuttu和Eran Wickramaratne。在德里，有Rahul Bedi, Brahma Chellaney, Gurcharan Das和 Rahul Jacob。在華府，有Michael Austin, Peter Foster, Bonnie Glaser, Michael Green, Murray Hiebert, Yukon Huang, Christopher Johnson, Scott Kennedy, Ashkok Mirpuri, Vikram Nehru, Douglas Paal和Sun Yun。在倫敦，有Agatha Kratz, Sam Leith和 Rafaello Pantucci。在牛津，有Rosemary Foot, Ewan Smith和Jonathan Ward。如有遺漏，請接受我的道歉。

最後，向我家人Flora, Harry和 Penney致上愛意和謝忱——我回家時，總是陪著我。謹以此書獻給他們。

——二〇一六年七月識於牛津

注釋

我在為本書進行研究過程，走遍十來個國家，花了好幾個星期到處走動、聆聽、觀察和訪談。所有現場報導都發生在二〇一四至一五年期間，只有緬甸是在二〇一三年前往。我談話的對象包括政府部會首長、官員、外交官、顧問師、企業界人士、新聞記者、學者、研究人員、非政府組織工作者、貿易商，另外還有計程車司機。這些談話大多做成錄音下來，但是有些人要求不要公布他們的姓名。身為新聞工作者，我在必要時都引述訪談對象的話，但是我不打算句句都交代清楚我的消息來源。

以下的注釋也無法窮舉淨盡。我在研究過程，閱讀數千份中、英文書籍、報告和文章，如果我把它們統統列舉，我不以為對讀者會有太大幫助。因此，我只會提到最重要的資料來源，尤其是書籍和文章，標明出處。我也竭盡全力引用所有的政策演說和資料。本書很多素材可以在佳富凱集團和佳富凱龍州經訊顧問公司，於二〇一三至一六年為客戶所發表的文章中查到。如果有必要，我會導引讀者注意原始文章。

緒論

1 本章緒論曾在二〇一五年十一月以 Miller, "The Chinese dream: the empire strikes back" 為題，發表在《中國經濟季刊》（*China Economic Quarterly*）的「龍州經訊」（Gavekal Dragonomics）。

2 我從許多資料來源得出此一簡略歷史。對中國早期歷史特別有用的記載可參見 Odd Arne Westad 的 *Restless Empire: China and the World Since 1750*, Bodley Head, London（2012）。（譯注：《躁動的帝國：從乾隆到鄧小平的中國與世界》，林添貴譯）

3 Alexander V. Avakov, *Two Thousand Years of Economic Statistics, Years 1-2012: Population, GDP at PPP, and GDP Per Capita*, Algora, New York（2015）.

4 Angus Maddison, *Monitoring the World Economy*, OECD Development Centre, Paris（1995）, http://www.ggdc.net/maddison/Monitoring.shtml.

5 參見 "Backgrounder: China's WWII contributions in figures", Xinhua, 3 September 2015, http://news.xinhuanet.com/english/2015/09/03/c_134582291.htm.

6 關於歷史記憶如何影響建構國家認同，見 Zheng Wang, *Never Forget National Humiliation: Historical Memory in Chinese Politics and Foreign Relations*, Columbia, New York（2012）.

7 http://www.chinatoday.com/general/china-flag-emblem-anthem.htm.

8 二〇一二年十一月二十九日，即習近平上台掌權後不久，參觀中國國家博物館舉行的〈復興之路〉展覽，第一次公開談到「中國夢」。見 "Xi pledges 'great renewal of Chinese nation'", http://news.xinhuanet.com/english/china/2012-11/29/c_132008231.htm. 相同的中文報導，見〈習近平：承先啟後繼往開來，繼續朝著中華民族偉大復興目標奮勇前進〉，《人民日報》，二〇一二年十一月二十九日，http://politics.people. com.cn/n/2012/1129/c1024-19744072.html.

9 以下幾段主要來源是 Orville Schell and John Delury, *Wealth and Power: China's Long March to the Twenty-First Century*, Little, Brown, London（2013）.

10 習近平在視察廣州某軍事基地時發表這篇講話。他說，民族復興的「中國夢」也是「強國、強軍之夢」。見〈必須堅持富國和強軍向統一努力建設鞏固國防和強大軍隊〉，*China Youth Daily*, 13 December 2012, http://zqb.cyol.com/html/2012-12/13/nw.D110000zgqnb_20121213_1-01.htm.

11 見 Miller, "Goose stepping into isolation", Gavekal Research, 3 September 2015.

12 作者二〇一五年六月二十九日在北京的一次不做紀錄訪問。

13 二〇一二年二月。新型大國關係的概念在二〇一二年七月經崔天凱（時任外交部副部長）和 Pang Hanzhao 在一篇文章中闡釋。文章標題〈新世紀中國外交全局中的中美關係〉，收在 *China International Strategy Review 2012*, Beijing University Institute of International Relations.

14 見習近平二〇一三年十月二十五日，在黨討論區域外交的工作會議之演講詞〈讓命運共同體意識在周邊國家落地生根〉。http:// news. xinhuanet.com/Politics/2013-10/25/ c-117878944.htm。周邊外交（Zhoubian waijiao）的英文正式翻譯是「peripheral diplomacy」，但是我偏愛「neighbourhood diplomacy」（睦鄰外交）或「regional diplomacy」（區域外交）。

15 見 David Shambaugh（沈大偉），"The illusion of Chinese power" in http://nationalinterest.org/feature/the-illusion-chinese-power-10739, and *China Goes Global: The Partial Power*, Oxford University Press, New York（2013）.

16 "Central Conference on work relating to foreign affairs was held in Beijing", 29 November 2014, http://www.fmprc.gov.cn/mfa_eng/zxxx_662805/t1215680.shtml.

17 中國共產黨一向跨稱終結「百年國恥」來正當化它的統治。

18 「亞洲夢」的中文拼音即 yazhou meng。我在這裡使用中華人民共和國政府一九五〇年代推行的簡體字，但是封面的「夢」則是正體字。

19 http://databank.worldbank.org/data/download/GDP.pdf.

20 我相信我是最早提出這個概念的人士之一。見"*A Chinese Bretton Woods*", Gavekal Research, 12 June 2014. 後來我把我的意見溫和化，見"A boring infrastructure bank", Gavekal Research, 30 June 2016.

21 「中國的加利福尼亞」（China's California）這個字詞最先見於 Thant Myint-U 的"Asia's new great game", *Foreign Policy*, 12 September 2011, http://foreignpolicy.com/2011/09/12/asias-new-great-game/. 詳細內容可參見他的專書 *Where China Meets India: Burma and the New Crossroads of Asia*, Faber & Faber, London（2011）.

22 關於習近平談論中國「富強」起來的「中國夢」之多篇演講，可參見〈習近平總書記十五篇講話系統闡述「中國夢」〉, *People's Daily Online*, 19 June 2013, http://theory.people.com.cn/n/2013/0619/c40531-21891787.html.

23 見"Full text: Xi's speech at commemoration of 70th anniversary of war victory", China Daily, 3 September 2015, http://www.chinadaily.com.cn/world/2015victoryanniv/2015-09/03/content_21783362.htm.

24 *The China Dream: Great Power Thinking and Strategic Posture in the Post-America Era*, CN Times Books（2015）, p. 100.

25 在國際關係學界，「現實主義派」認為地緣政治就是達爾文似的適者生存：大國政治必然會有競爭、衝突和戰爭。著名的「現實主義派」思想家米爾斯海默（John J. Mearsheimer）說：「生存是大國的首要目標。」見 J. J. Mearsheimer, *The Tragedy of Great Power Politics*, Norton, New York (2001).

第一章

1 我在北京市郊懷柔縣一座小村子，傍著長城邊租了一間小房子，鄰居告訴我這個消息。我沒理這道禁令，照樣點火烤肉吃。

2 "Chinese president proposes Asia-Pacific dream", http://www.2014apecceosummit.com/apec/news1/1721.jhtml.

3 "Jianchi zhengque yi li guan jiji fahui zeren daguo zuoyong", *People's Daily*, 10 September 2013, http://opinion.people.com.cn/n/2013/0910/c1003-22862978.html.

4 "Deng Xiaoping's '24-Character Strategy'", http://www.globalsecurity.org/military/world/china/24-character.htm.

5 參見"Hurt the feelings of the Chinese people", *China Digital Times*, http://chinadigitaltimes.net/space/Hurt_the_feelings_of_the_Chinese_people.

6 我要感謝 Christopher Johnson 把中國演進中的外交政策整理出一篇專文"President Xi Jinping's 'Belt and Road' Initiative: A practical assessment of the Chinese Communist Party's roadmap for China's global resurgence", CSIS, March 2016.

7 http://news.xinhuanet.com/english2010/china/2011-09 /06/c_131102329.htm.

8 http://www.fmprc.gov.cn/mfa_eng/wjb_663304/wjbz_663308/activities_663312/t1093870.shtml.

9 "Foreign Minister Wang Yi meets the press", 8 March 2014, http://www.fmprc.gov.cn/mfa_eng/wjb_663304/wjbz_663308/2461_663310/t1135385.shtml.

10 http://www.fmprc.gov.cn/mfa_eng/zxxx_662805/t1215680.shtml.

11 "China's Xi demands accelerated FTA strategy", Xinhua, 6 December 2014, http://news.xinhuanet.com/english/china/2014-12/06/c_133837015.htm.

12 "Vision and actions on jointly building Silk Road Economic Belt and 21st-Century Maritime Silk Road", 28 March 2015, http://www.fmprc.gov.cn/mfa_eng/zxxx_662805/t1249618.shtml.

13 "President Xi Jinping delivers important speech and proposes to build a Silk Road Economic Belt with Central Asian countries", 7 September 2013, http://www.fmprc.gov.cn/mfa_eng/topics_665678/xjpfwzysiesgjtfhshzzfh_665686/t1076334.shtml.

14 2 October 2013, http://www.asean-china-center.org/english/2013-10/03/c_133062675.htm.

15 "Vision and actions on jointly building Silk Road Economic Belt and 21st-Century Maritime Silk Road", op cit.

16 同前。

17 同前。

18 "Jointly build the 21st Century Maritime Silk Road by deepeningmutual trust and enhancing connectivity", 29 March 2015, http://www.fmprc.gov.cn/mfa_eng/zxxx_662805/t1249761.shtml.

19 作者二〇一五年九月三十日在華府訪問 Christopher Johnson。

20 同前。

21 全體會員國名單可參見亞投行官網 http://euweb.aiib.org/html/aboutus/introduction/Membership/?show=0.

22 二〇一四年五月我到哈薩克首都阿斯塔納（Astana）出席亞洲開發銀行年會，聽到亞銀官員私底下有此評論。

23 見Miller, “A Chinese Bretton Woods”, op cit.

24 “ADB head will be ‘very happy’ to work with China’s Asia infrastructurebank”, Reuters, 2 May 2014, http://www.reuters.com/article/kazakhstan-adb-banking-idUSL6N0NO1ZG20140502.

25 這段話英文原文是：“The Chinese government will integrate its domestic resources to provide stronger policy support for the Initiative. It will facilitate the establishment of the Asian Infrastructure Investment Bank.”見“Vision and actions on jointly building Silk Road Economic Belt and 21st-Century Maritime Silk Road”, op cit.

26 見Miller, “A petty and short-sighted hissy fit”, Gavekal Research, 17 March 2015.

27 簽署儀式前，《中國日報》（*China Daily*）先披露樓繼偉在儀式上發表的講話稿：“Inclusive AIIB can make a difference”, 25 June 2015, http://usa.chinadaily.com.cn/epaper/2015-06/25/content_21101260.htm.

28 The “Agreement on the New Development Bank” is available at http://brics.itamaraty.gov.br/images/pdf/BRICSNDB.doc.

29 “China-led Development Bank AIIB Will be Lean, Clean and Green, Says its President”, *Wall Street Journal*, 22 January 2016, http://www.wsj.com/articles/china-led-development-bank-will-belean-clean-and-green-says-head-1453479933.

30 “What is the Asian Infrastructure Investment Bank?”, http://euweb. aiib.org/html/aboutus/AIIB/?show=0.

31 “AIIB’s First Annual Meeting of its Board of Governors held in Beijing: Governors note progress during the Bank’s first 6 months of operation”, http://www.aiib.org/html/2016/NEWS_0625/123.html.

32 見Miller, “A boring infrastructure bank”, op cit.

33 以下三頁有關亞投行和中國的政策銀行放貸能力的分析，非常借重我的同僚葛勢豪（Arthur Kroeber）的研究。見“Financing China’s global dreams”, *China Economic Quarterly*, Gavekal Dragonomics, November 2015.

34 見Henry Sanderson and Michael Forsythe, *China’s Superbank: Debt, Oil and Influence—How China Development Bank is Rewriting the Rules of Finance*, Wiley, Singapore（2013）.

35 *The Global Competitiveness Report 2015-16*, “Competiveness rankings”, World Economic Forum, http://reports.weforum.org/globalcompetitiveness-report-2015-2016/competitiveness-rankings/.

36 *Infrastructure for a Seamless Asia*, Asian Development Bank Institute, Tokyo（2009）, http://adb.org/sites/default/files/pub/2009/2009.08.31.book.infrastructure.seamless.asia.pdf.

37 這一節有一部分原先發表在Miller, “Asia’s infrastructure arms race”, Gavekal Dragonomics, 30 June 2015.

38 見Naohiro Kitano and Yukinori Harada, *Estimating China’s Foreign Aid 2001–2003*, JICA Research Institute, June 2014, https://jica-ri.jica.go.jp/publication/assets/JICA-RI_WP_No.78_2014.pdf. 進一步資訊可參見China’s Foreign Aid（2014）white paper, http://news.xinhuanet.com/english/china/2014-07/10/c_133474011.htm. 另參見Miller, “Asia’s infrastructure arms race”, op cit.

39 “Cabinet decision on the Development Cooperation Charter”, 10 February 2015, http://www.mofa.go.jp/

files/000067701.pdf.

40 "Stronger ties with ASEAN vital to Japan's security: ODA paper", *Kyodo*, 13 March 2015, http://www.japantimes.co.jp/news/2015/03/13/national/stronger-ties-asean-vital-japans-security-odapaper/#.VYEsdPmqpBd.

41 "Japan unveils $110 billion plan to fund Asia infrastructure, eye on AIIB", Reuters, 21 May 2015, http://www.reuters.com/article/2015/05/21/us-japan-asia-investment-idUSKBN0O617G20150521.

42 見"Strategy and Action Plan for the Greater Mekong Subregion Southern Economic Corridor", ADB（2010）, http://www.adb.org/sites/default/files/publication/28006/gms-action-plan-south.pdf.

43 "Don't penalize us for using AIIB, says Cambodian minister", *Nikkei Asian Review*, 21 May 2015, http://asia.nikkei.com/Features/The-Future-of-Asia-2015/Don-t-penalize-us-for-using-AIIB-says-Cambodian-minister.

44 作者二〇一五年五月二十二日在金邊的訪談。

45 見 Andrew Batson, "Can the New Silk Road revive China's exports?", Gavekal Dragonomics, 17 February 2015.

46 見 Tom Miller, "Investing along the New Silk Road", Gavekal Dragonomics, 4 March 2015.

47 "Tongchou xietiao you xu tuijin 'yidai yilu' jianshe de difang gang'an xianjie gongzuo chengxiao chu", http://www.sdpc.gov.cn/gzdt/201511/t20151120_759153.html.

48 國務院發改委並未列出「港口同盟」或在麻六甲的投資。「港口同盟」是中國的大連、太倉、上海、寧波、福州、廈門、廣州、深圳、海口和欽州等港口，和馬來西亞民都魯（Bintulu）、柔佛（Johor）、關丹（Kuantan）、麻六甲、檳城和巴生港（Port Klang）等港口的同盟。見"China,

Malaysia tout new 'port alliance' to reduce customs bottlenecks and boost trade", *South China Morning Post*, 9 April 2016, http://www.scmp.com/news/asia/southeast-asia/article/1934839/china-malaysiatout-new-port-alliance-reduce-customs.

49 〈二〇一五年與「一帶一路」相關國家經貿合作情況〉，21 January 2016, http://www.mofcom.gov.cn/article/tongjiziliao/dgzz/201601/ 20160101239881.shtml.

50 作者二〇一五年五月二十九日在北京的訪談。

51 作者二〇一五年五月十九日的訪談。

第二章

1 夏提爾大汗娛樂中心（Khan Shatyr Entertainment Centre）意即「大汗金帳」，是由倫敦的Foster + Partners設計。見http://www.fosterandpartners.com/ projects/khan-shatyrentertainment-centre/.

2 「所有權」很含糊，加上每年生產量變動不居，幾乎不可能得出確切的數字。但是二〇一四至一五年間我聽到好幾位消息靈通人士提到「四分之一」的數字，我自己也是如此估計。

3 "President Xi Jinping delivers important speech and proposes to build a Silk Road Economic Belt with Central Asian countries", 7 September 2013, http://www.fmprc.gov.cn/mfa_eng/topics_665678/xjpfwzysiesgjtfhshzzfh_665686/t1076334.shtml.

4 關於本地區歷史有兩個極有益的資料來源，一是文安立（Westad）《躁動的帝國》，op cit., 和Michael Clarke, "The 'centrality' of Central Asia in world history, 1700–2008: From pivot to periphery and back again?" in Mackerras and Clarke（eds）, *China, Xinjiang and Central Asia: History, Transition*

*and Crossborder Interaction into the 21*st *Century*, Routledge, London and New York（2009）.

5 中國一再提起這「三大邪惡」，不過憲章本身並沒出現這個表述。見 http://www.soi.org.br/upload/34b4f65564132e7702726ee2521839c790b895453b-6de5509cf1f997e9e50405.pdf.

6 見"Chinese Premier Wen Jiabao's speech at opening session of second China–Eurasia Expo", Xinhua, 3 September 2012, http://en.people.cn/90883/7933186.html.

7 〈王緝思：「西進」，中國地緣戰略的再平衡〉，*Global Times*, 17 October 2012, http://opinion.huanqiu.com/opinion_world/2012-10/3193760.html.

8 Rafaello Pantucci and Alexandros Peterson 在許多文章裡一再強調此一論據，特別是"China's Inadvertent Empire", The National Interest, November–December 2012, http://nationalinterest.org/print/article/chinas-inadvertentempire-7615. Pantucci and Peterson 也共同建立一個傑出的部落格：www.chinaincentralasia.com. 遺憾的是，Peterson 二〇一四年一月在喀布爾一家餐廳遭遇恐攻事件中喪生，他當時在 American University 服務。

9 參見"Hundreds face trial over deadly Xinjiang riots", *The Guardian*, 24 August 2009, https://www.theguardian.com/world/2009/aug/24/china-trials-xinjiang-riots.

10 接下來幾段原始出現在我為 *The Spectator* 寫的一篇書評，見"China's repressive policy towards its Islamic fringe has badly backfired", 1 August 2015, http://www.spectator.co.uk/2015/08/chinas-repressive-policy-towards-its-islamic-fringe-has-badly-backfired/. 本節大部分資訊出自 Nick Holdstock, *China's Forgotten People: Xinjiang, Terror and the Chinese State*, IB Tauris, London（2015）. 死者人數是我自己把當年經報導的死亡人數加總得出。

11 這項報導見 https://na-production.s3.amazonaws.com/documents/ISIS-Files.pdf.

12 見 http://english.alarabiya.net/en/perspective/analysis/2016/03/02/China-s-proxy-war-in-Syria-Revealing-the-role-of-Uighurfighters-.html.

13 參見 "Chinese embassy in Kyrgyzstan hit by suicide bomb attack", *Financial Times*, 30 August 2016, https://www.ft.com/content/23243e7e-6e82-11e6-9ac1-1055824ca907#axzz4JMS4K4O7.

14 "Beijing Vows to Strike Back After Kyrgyzstan Attack", *China Digital Times*, 7 September 2016, http://chinadigitaltimes.net/2016/09/beijing-vows-strike-back-kyrgyzstan-embassy-attack/.

15 「霍爾果斯」有好幾個不同的名字和發音，要看你和誰交談，以及你喜好的語文而定。在哈薩克文和維吾爾文，發音和拼寫是Qorgas；俄文是Khorgos；中文是霍爾果斯。但也有人說Horgos。

16 參見 "The Silk Railroad of China–Europe Trade", *Bloomberg*, 21 December 2012, http://www.bloomberg.com/news/articles/2012-12-20/the-silk-railroad-of-china-europe-trade, and "China's bold gambit to cement trade with Europe —along the ancient Silk Road", *Los Angeles Times*, 1 May 2016, http://www.latimes.com/world/asia/la-fg-china-silk-road-20160501-story.html.

17 "DHL opens China–Turkey intermodal corridor", *Lloyd's Loading List*, 18 December 2015, http://www.lloydsloadinglist.com/freight-directory/news/DHL-opens-China-Turkey-intermodal-corridor/65139.htm#.WAYnwuArJN0.

18 見 "Carec 2020: A strategic framework for the Central Asia Regional Economic Cooperation 2011-2020", Asian Development Bank（2012）, http://www.carecprogram.org/uploads/docs/CAREC-Publications/2012/CAREC-2020-Strategic-Framework.pdf.

19 見 http://www.carecprogram.org/index.php?page=ci-knowledgesharing.

20 作者二〇一五年四月二十一日在北京一項不作紀錄的訪談。

21 作者二〇一四年九月二日的訪談。

22 所有在喀什及附近的訪談，都發生在二〇一四年八月二十三至二十四日。

23 Isaac Stone Fish, "China's hottest cities and Kashgar", *Newsweek*, 25 September 2010, http://europe.newsweek.com/chinas-hottestcities-and-kashgar-72333?rm=eu.

24 本節大部分原本出現在 "Blood and bazaars on the New Silk Road", Gavekal Dragonomics, 22 October 2014.

25 「這是上天賜給當代中國人最豐富的禮物。」On their website（http://www.chinaincentralasia.com）, Pantucci and Peterson translate General Liu's comments as "Central Asia is the thickest piece of cake given to the modern Chinese by the heavens". This is a colourful but, in my opinion, inaccurate translation.

26 我這一節文字有關中亞能源的主要來源是Marlene Laruelle and Sebastien Peyrouse, *The Chinese Question in Central Asia: Domestic Order, Social Change, and the Chinese Factor*, Columbia, New York（2012）. 我也採用他們的書做為本章的背景。另一個有益的參考是Alexander Cooley, *Great Games, Local Rules: The New Great Power Contest in Central Asia*, Oxford University Press, New York（2012）.

27 我的司機對他身為吉爾吉斯族人，以及中國黨國體制都效忠，顯示在中國這個地區個人及國家認同意識十分複雜。

28 中國硬體基礎設施的品質和無遠弗屆實在了不起。我從新疆山區邊境和位於北京的朋友通話聊天，毫無困難，可是在牛津鬧區要連上手機訊號卻相當費勁。

29 毒品走私在中國西部邊省十分猖獗，新疆和雲南皆然。中國鴉片最大的來源是「黃金月彎」（Golden Crescent）地區，即阿富汗、巴基斯坦和伊朗。海洛因由巴基斯坦、塔吉克、哈薩克和吉爾吉斯（包括伊爾克什坦隘口）走私進入新疆。然而，我不以為有許多毒品會往反方向走私。見

Murray Scot Tanner, "China confronts Afghan drugs: Law enforcement views of 'The Golden Crescent'", CNA, March 2011, https://wikileaks.org/gifiles/attach/134/134547_China%20Heroin.pdf.

30 在奧什的所有訪談都發生在二〇一四年八月二十六日。

31 引自Roman Muzalevsky, "China–Kyrgyzstan–Uzbekistan railway scheme: Fears, hopes and prospects", *Eurasia Daily Monitor*, Jamestown Foundation, 30 May 2012.

32 作者二〇一四年五月六日在阿拉木圖的訪談。

33 作者二〇一四年八月二十八日在比斯凱克，對「國際危機集團」（International Crisis Group）中亞項目主任Deirdre Tynan的訪談。

34 見Chris Rickleton, "Kyrgyzstan: Racketeers taking aim at Chinese entrepreneurs", 10 January 2014, http://www.eurasianet.org/node/67928. EurasiaNet得到索羅斯（George Soros）和他的「開放社會研究所」（Open Society Institute）的經費贊助，是有關中亞事務非常有價值的英文資料來源。

35 我在這裡想到的是Howard W. French, *China's Second Continent: How a Million Migrants are Building a New Empire in Africa*, Knopf, New York（2014）對中國移民的訪問。

36 作者在比斯凱克所有的訪談，都發生在二〇一四年八月二十八至二十九日。

37 作者二〇一四年八月二十日在北京的訪談。

38 本節大部分原先出現在"Travels along the New Silk Road: The economics of power", Gavekal Dragonomics, 24 October 2014.

39 希拉蕊曾經提到，普丁試圖將歐亞區域「重新蘇維埃化」。見"Clinton calls Eurasian integration an effort to 'Re-Sovietize'", Radio Free Europe Radio Liberty, 28 July 2016, http://www.rferl.org/content/clinton-calls-eurasian-integration-effort-to-resovietize/24791921.html.

40 引自Michael Clarke, "Understanding China's Eurasian Pivot", *The Diplomat*, 10 September 2015, http://thediplomat.com/2015/09/understanding-chinas-eurasian-pivot/. 我發現*The Diplomat*雜誌是要了解中國在亞洲外交政策非常有價值的資訊來源。

41 作者二〇一四年五月七日在阿拉木圖的訪談。

42 作者二〇一四年五月六日的訪談。

43 "Links to Prosperity: Connectivity, Trade, and Growth in Developing Asia" ADB panel meeting, 4 May 2014.

44 作者二〇一四年八月二十九日的訪談。

45 見http://en.kremlin.ru/events/president/transcripts/49433.

46 "China to build 400km/h train for Russia's high-speed railway", Russia Today, 6 June 2016, https://www.rt.com/business/345535-china-train-russia-kazan/.

47 見*China's Central Asia Problem*, 27 February 2013. 文章摘要見：https://www.crisisgroup.org/asia/northeast-asia/china/china-s-central-asia-problem.

48 引自Mira Milosevich, "Russia and China", FAES, 17 September 2014, http://www.fundacionfaes.org/en/analysis/127/rusia_y_china.

第三章

1 本章標題靈感來自姜文一九九四年在北京所拍攝，描述文化大革命的那部電影。見https://en.wikipedia.org/wiki/In_the_Heat_of_the_Sun.

2 沙龍在緬甸叫做「籠基」（longyi）。

3 關於「西進」政策詳情，見 Miller, *China's Urban Billion: The Story Behind the Biggest Migration in Human History*, Zed, London（2012）.

4 「中國四大機場」，http://baike.baidu.com/view/2144319.htm, and "List of busiest airports by passenger traffic", Wikipedia, https://en.wikipedia.org/ wiki/List_of_busiest_airports_by_passenger_traffic#2015_statistics.

5 〈國務院關於支持雲南省加快建設邁向西南開放重要橋頭堡的意見〉，3 November 2011, http://www.gov.cn/zwgk/2011-11/03/content_1985444.htm.

6 本節大部分原先出現在 "No bridgehead too far in China's expanding empire", Gavekal Dragonomics, 7 April 2014, 以及 "In Laos, all roads lead to China", Gavekal Dragonomics, 8 April 2014.

7 我對東南亞（包括寮國）的文章受惠於 Peter Church（ed）, *A Short History of South-East Asia*, Wiley, Singapore（2009）的資訊。

8 見 "China ranks largest investor in Laos", Thai PBS, 20 September 2014, http://englishnews.thaipbs.or.th/china-ranks-largest-investor-laos/. 根據美國中央情報局 World Factbook, https://www.cia.gov/library/publications/the-world-factbook/fields/2050.html#la，泰國在二〇一五年是稍為大一點的貿易夥伴。

9 "China plans $31b investment for border zone with Laos", *China Daily*, 20 October 2015, http://europe.chinadaily.com.cn/business/2015-10/20/content22229728.htm.

10 欲知更多資訊，可參見 http://www.adb.org/publications/greatermekong-subregion-economic-cooperation-program-overview.

11 我記得二〇一一年八月坐巴士從寮國北部到鑾巴拉邦的痛苦經驗，車子陷入泥濘，掙扎前進。車程歷時之長，我差點讀完一整本《安娜・卡列尼娜》（*Anna Karenina*）。

12 作者在烏多姆賽所有的訪談都發生在二〇一四年三月四至五日。

13 我個人在二〇一二年七月發現這個現象，因為我一位好朋友不幸在這個城市過世。

14 “New Thai, Lao PDR bridge completes ‘missing link’ in key regional corridor”, 11 December 2013, http://www.adb.org/news/new-thailao-pdr-bridge-completes-missing-link-key-regional-corridor.

15 時間為二〇一四年三月七日。

16 我向若干媒體及政府人士查詢此一訊息。見“China, Laos sign a railway deal”, *China Daily*, 14 November 2015, http://www.chinadaily.com.cn/business/2015-11/14/content_22456633.htm. 然而，經過多次延宕之後，恐怕只有老天才知道這條鐵路是否會真正蓋得成。

17 “China, Thailand sign rail, rice, and rubber deals”, *The Diplomat*, 4 December 2015, http://thediplomat.com/2015/12/china-thailandsign-rail-rice-and-rubber-deals/.

18 “Changing Asia: China’s high-speed railway diplomacy”, *The Strategist*, 2 December 2013, http://www.aspistrategist.org.au/changingasia-chinas-high-speed-railway-diplomacy/.

19 一畝不到五分之一英畝，或〇・〇六公頃。

20 電視製作人Simon Reeve拍攝旅行紀錄片*Tropic of Cancer*時，曾經採訪過這個還在興建的度假中心，影片二〇一〇年四月在英國廣播公司頻道播出。有興趣的讀者可在YouTube上看到節錄：https://www.youtube.com/watch?v=28hDqzDGVn0. 度假中心也以中文拍攝製作一段促銷視頻，見https://www.youtube.com/watch?v=k7OdftN2ksQ.

21 參見“Laos’s Chinese gamble”, *The Diplomat*, 24 December 2010, http://thediplomat.com/2010/12/laoss-chinese-gamble/.

22 "Dok Ngiew Kham Group pays US$6.3m in taxes", Vietstock, 4 February 2015, http://en.vietstock.com.vn/2015/02/dok-ngiewkham-group-pays-us63m-intaxes-71-195753.htm.

23 作者在金三角經濟特區的訪談，發生在二〇一四年三月六日。

24 "China to spur investment in Laos", *Vientiane Times*, 10 May 2016, http://www.nationmultimedia.com/aec/China-to-spur-investmentin-Laos-30285603.html.

25 "Leadership changes and upcoming Obama visit give us new opportunities in Laos", CSIS, 4 February 2016, https://www.csis.org/analysis/leadership-changes-and-upcoming-obama-visitgive-us-new-opportunities-laos.

26 我要感謝John Ciorciari分享他對中、柬關係的卓見。我推薦讀者參閱他的論文："A Chinese model for patron–client relations? The Sino-Cambodian partnership", *International Relations of the Asia-Pacific*, 25 November 2014, http://irap.oxfordjournals.org/content/15/2/245.short.

27 見"Asian leaders at regional meeting fail to resolve disputes over South China Sea", *New York Times*, 12 July 2012, http://www.nytimes.com /2012/07/13/world/asia/asian-leaders-fail-to-resolvedisputes-on-south-china-sea-during-asean-summit.html?_r=0.

28 "Cambodia's Hun Sen proves a feisty ASEAN Chair", *Wall Street Journal*, 4 April 2012, http://blogs.wsj.com/indonesiarealtime/2012/04/04/cambodias-hun-sen-proves-a-feisty-asean-chair/.

29 外國人在柬埔寨投資的可靠數據很難取得，但這是我向若干消息來源查證後，對現今狀況的最佳估計。參見"Chinese Investment to 'Bear Fruit Soon', Khmer Times, 21 December 2015, http://www.khmertimeskh.com/ news/18940/chinese-investment-to---bear-fruitsoon--/.

30 "China's Exim Bank to fund US$1.7b refinery in Cambodia", *Shanghai Daily*, 17 October 2013, http://

www.shanghaidaily.com/Business/finance/Chinas-Exim-Bank-to-fund-US/shdaily.shtml.

31 "China to invest $9.6b in Cambodia", *Phnom Penh Post*, 1 January 2013, http://www.phnompenhpost.com/business/china-invest-96b-cambodia.

32 作者在金邊的所有訪談，都發生在二〇一五年五月二十一至二十二日。

33 IMF, World Economic Outlook Database, http://www.imf.org/external/pubs/ft/weo/2016/01/weodata/index.aspx.

34 Council for the Development of Cambodia, http://www.cdc-crdb. gov.kh/cdc/aid-management-cambodia.html. 另參見Miller,"Asia's infrastructure arms race", op cit.

35 "When it comes to Chinese aid Cambodia should be cautious", AEC News, 18 July 2006, http://aecnewstoday.com/2016/when-it-comes-to-chinese-aid-cambodia-should-be-cautious/#axzz4FLu6Oy4b.

36 David Roberts, *Political Transition in Cambodia 1991–1999: Power, Elitism and Democracy*, London, Routledge（2001）.

37 http://www.transparency.org/cpi2015.

38 "Cambodia's top ten tycoons", Wikileaks Cable Viewer, https://wikileaks.org/plusd/cables/07PHNOMPENH1034_a.html.

39 "Royal repays $421m loan early", *Phnom Penh Post*, 31 January 2011, http://www.phnompenhpost.com/business/royal-repays-421m-loan-early.

40 "Cambodian mobile firm CamGSM gets $591 mln funding", Reuters, 4 November 2010, http://uk.reuters.com/article/cambodiacamgsm-idUKSGE6A30G020101104.

41 見Simon Denyer, "The push and pull of China's orbit", *Washington Post*, 5 September 2015, http://www.

washingtonpost.com/sf/world/2015/09/05/the-push-and-pull-of-chinas-orbit/. 我特別推薦Denyer的China's Back Yard系列，本文即其中之一。

42 引自John D Ciorciari, "China and Cambodia: Patron and client?", IPC Working Paper Series Number 121, 14 June 2013, p. 17.

43 Denyer, "The push and pull of China's orbit", op cit.

44 他採用中文名字「西沙」稱呼Paracel Islands，用「南沙」稱呼Spratly Islands，意思相當明白。

45 引自 "As Cambodia approaches China over the US, it should remember Machiavelli's lessons", *The Diplomat*, 11 August 2015, http://thediplomat.com/2015/08/as-cambodia-approacheschina-over-the-us-it-should-remember-machiavellis-lessons/.

46 參見 "ASEAN talks fail over South China Sea dispute", Al Jazeera, 13 July 2012, http://www.aljazeera.com/news/asia-pacific/2012/07/201271381350228798.html.

47 引自Ciorciari, "China and Cambodia: Patron and client?", op cit.

48 "Face Off", Focus ASEAN, 2 September 2013, http://sea-globe.com/cpp-cnrp-cheam-yeap-son-chhay/.

49 "Half a million Cambodians affected by land grabs: Rights group", Radio Free Asia, 1 April 2014, http://www.rfa.org/english/news/cambodia/land-04012014170055.html.

50 見"Developer, soldiers 'destroyed homes', 28 January 2014, Open Development Cambodia, https://opendevelopmentcambodia.net/news/developer-soldiers-destroyed-29-homes/.

51 Ciorciari, "A Chinese model for patron–client relations? The Sino-Cambodian partnership", op cit.

52 "China, Cambodia boost cooperation during Hun Sen's visit", *The Diplomat*, 21 October 2015, http://thediplomat.com/2015/10/china-cambodia-boost-cooperation-during-hun-sens-visit/.

第四章

1 一九八九年，軍事執政團正式將緬甸英文名由Burma改為古名Myanmar。聯合國接受此一改名，而我訪問期間人人都稱Myanmar。我在這兒也援用，不過我偶爾會用Burmese做為形容詞。

2 作者於仰光訪問當時擔任怡和洋行緬甸最高負責人Dr Wong Yit Fan。除非另有表明，作者在本章提到的所有訪問，都在二〇一三年一月發生於仰光和曼德拉（瓦城）。

3 根據史坦伯格（David Steinberg）在*Burma / Myanmar: What Everyone Needs to Know*, Oxford University Press, New York（2010）中的說明，paukpaw可翻譯為「堂表兄弟、兄弟或基於血緣的關係」。這個字詞只用來形容中國人和緬甸人之間的關係。對於入門者而言，史坦伯格這本書是了解緬甸歷史和政治所不可缺的指南，也是本章重要的背景資料來源。

4 參見孫雲（Sun Yun）, “Has China lost Myanmar?”, *Foreign Policy*, 15 January 2013, http://foreignpolicy.com/2013/01/15/has-china-lost-myanmar/. 我也推薦孫雲兩篇專文：“China’s strategic misjudgement on Myanmar”, Journal of Current Southeast Asian Affairs, 31, 1（2012）, 73–96，以及“Chinese investment in Myanmar: What lies ahead?”, Stimson, September 2013.

5 美國「重返亞洲」（pivot to Asia）後來改名「亞洲再平衡」（rebalance）。歐巴馬政府二〇一二年提出此一戰略倡議，以加強美國在東亞的安全同盟和駐軍。中國解讀為「圍堵中國」政策之一環。

6 見Thant Myint-U in “Asia’s new great game”, op cit.

7 軍事執政團二〇〇六年把首都從仰光遷到緬甸中部的奈比多。

8 “Power shift won’t hurt Sino-Myanmese ties”, 10 November 2014, http://www.globaltimes.cn/content/951736.shtml.

9 "Myanmar to continue friendly policy toward China: Aung San Suu Kyi", Xinhua, 17 November 2015, http://news.xinhuanet.com/english/2015-11/17/c_134826571.htm.

10 本章大部分原先出現在‥Miller, "The Myanmar dilemma", GK Dragonomics, 29 April 2013, 以及"Myanmar: Going solo" and "Chinese immigration: On the Road to Mandalay", *China Economic Quarterly*, June 2013.

11 緬甸政府承認全國有一百三十五個不同的民族。緬族（Burmans，英文正式名稱Bamar）約占全體人口三分之二。緬甸人指的是全國人民，不是專指某一特定民族。

12 組織最嚴密的一項抗議活動，可參見 https://www.internationalrivers.org/campaigns/irrawaddy-myitsone-dam-0.

13 作者二〇一五年十月二日在華府訪問孫雲。

14 和「國家核電技術公司」（State Nuclear Power Technology），中國電力投資集團改名為「國家電力投資公司」（State Power Investment Corporation, SPIC）。見http://eng.spic.com.cn/.

15 二〇一三年一月二十一日在仰光一次不做紀錄的訪問。

16 作者二〇一三年一月八日在北京的訪問。

17 參見"SPIC donates electrical equipment to Myanmar flood-hitareas", http://eng.spic.com.cn/NewsCenter/CorporateNews/201605/ t20160503_262376.htm.

18 "China's intervention in the Myanmar–Kachin peace talks", East–West Center, Asia Pacific Bulletin, No 200（2013）.

19 "Myanmar Bombings in Yunnan Killed 4 Chinese", *The Diplomat*, 14 March 2015, http://thediplomat.com/2015/03/its-officialmyanmar-bombings-in-yunnan-killed-4-chinese-citizens/.

20 緬甸人穿的筒裙「籠基」，類似孟加拉及印度許多地區男人所穿的沙龍。

21 "China remains top investor of Myanmar", MITV News, 19 March2016, http://www.myanmaritv.com/news/foreign-investment-china-remains-top-investor-myanmar.

22 https://www.youtube.com/watch?v=Whd63L0q8Uw.

23 http://www.mofcom.gov.cn/article/i/jyjl/j/201602/20160201258595.shtml.

24 Global Witness, Jade: Myanmar's 'Big State Secret', October 2015, https://www.globalwitness.org/en/campaigns/oil-gas-and-mining/myanmarjade/.

25 "Myanmar section of the Myanmar–China oil pipeline starts trial operation", 4 February 2015, http://www.cnpc.com.cn/en/nr2015/201502/2cea6be48e4e43e7a4bcfa77080d8314.shtml.

26 本節關於「孟中印緬經濟走廊」的敘述大部分原先出現在Miller, "Beijing eyes the Bay of Bengal", Gavekal Dragonomics, 14 August 2014.

27 見〈國務院關於支持雲南省加快建設邁向西南開放重要橋頭堡的意見〉，3 November 2011, http://www.gov.cn/zwgk/201111/03/content1985444.htm.

28 "China's CITIC wins projects to develop Myanmar economic zone", Reuters, 31 December 2015, http://www.reuters.com/article/myanmar-citic-project-idUSL3N14K1D720151231.

29 作者二〇一四年六月五日在昆明北京的訪問。

30 作者二〇一四年六月四日的訪問。

31 相同的標語亦以中文及緬甸文張貼。

32 參見"Myanmar Kokang rebels deny receiving Chinese weapons", Radio Free Asia, 13 February 2015, http://www.rfa.org/english/news/myanmar/kokang-02132015185129.html.

第五章

1 本章部分內容原先出現在Miller “Maritime Silk Road or ‘String of Pearls’?”, Gavekal Dragonomics, 23 April 2015.

2 參見 “Chinese submarine docking in Lanka ‘inimical’ to India’s interests: Govt”, TNN, 3 November 2014, http://timesofindia. indiatimes.com/india/Chinese-submarine-docking-in-Lankainimical-to-Indias-interests-Govt/articleshow/45025487.cms.

3 “China: Submarine docking in Sri Lanka was routine”, ECNS, 26 September 2014, http://www.chinadaily.com.cn/china/2014-09/26/content_18668407.htm.

4 http://www.ndtv.com/india-news/navy-alert-to-chinese-nuclearsubmarine-threat-in-indian-ocean-767781.

5 我的消息來源不願姓名曝光。

6 見*India After Gandhi: The History of the World’s Largest Democracy*, Pan, London（2007）, p. 336. 我依賴古哈（Ramachandra Guha）這本書記述中印關係。

7 Energy Futures in Asia, Booz-Allen & Hamilton（2004）, https://books.google. no/books/about/Energy_Futures_in_Asia.html?id=5En2PgAACAAJ&hl=en.

8 “Vision and actions on jointly building Silk Road Economic Belt and 21st-Century Maritime Silk Road”, op cit.

9 參見“A silk glove for China’s iron fist”, Project Syndicate, 4 March 2015, https://www.project-syndicate.org/commentary/china-silk-road-dominance-by-brahma-chellaney-2015-03?barrier=true.

10 作者二〇一五年三月二十七日的訪問。

11 *Samudra Manthan: Sino-Indian Rivalry in the Indo-Pacific*, Carnegie Endowment, New York（2012）.

12 作者二〇一五年三月十一日在新加坡的訪問。

13 作者二〇一五年三月十三日在可倫坡的訪問。

14 "Strive for a win–win outcome on the Indian Ocean", Thinker Blog, 20 March 2015, http://maosiwei.blog.21ccom.net/%3Fp%3D127/. Translation by China Policy（http://policycn.com/）.

15 關於瓜達爾港的歷史以及中巴關係的背景，我借重史莫爾（Andrew Small）的 *The China–PakistanAxis: Asia's New Geopolitics*, Hurst, London（2015）.

16 Robert Kaplan, *Monsoon: The Indian Ocean and the Future of American Power*, Random House, New York（2011）, p. 71.

17 參見"China readies $46 billion for Pakistan trade route", *Wall Street Journal*, 16 April 2015, http://www.wsj.com/articles/china-to-unveil-billions-of-dollars-in-pakistan-investment-1429214705?mg=id-wsj.

18 見"KKH Re-Alignment: 94% work on the project completed so far, remaining to be completed by Sep 25 this year", *Pamir Times*, 27 June 2015, http://pamirtimes.net/2015/06/27/kkh-re-alignment-94-work-on-the-project-completed-so-far-remaining-to-becompleted-by-sep-25-this-year/.

19 作者二〇一五年六月十九日在北京的訪問。

20 作者二〇一五年十月二日在華府對孫雲的訪問。

21 Small, *The China–Pakistan Axis*, op cit, pp. 98–99.

22 引自 Kaplan, Monsoon, op cit, p. 78.

23 作者二〇一五年三月十一日的訪問。

24 "Pakistan, China finalize 8-sub construction plan", *Defense News*, 11 October 2015, http://www.

defensenews.com/story/defense/naval/Submarines/2015/10/11/pakistan-china-finalize-8-sub-construction-plan/73634218/.

25 作者二〇一五年三月十一日的訪問。

26 本節部分原先出現在 Miller, "A Sino-Indian powerhouse?", Gavekal Dragonomics, 8 May 2015.

27 見 Xi Jinping's speech, "Towards an Asian century of prosperity", published by The Hindu, 17 September 2014, http://www.thehindu.com/opinion/op-ed/towards-an-asian-century-of-prosperity/article6416553.ece.

28 "India's Modi: Border peace needed to realise China ties", Reuters, 18 September 2014, http://www.reuters.com/article/india-chinaborder-idUSD8N0RB01A20140918.

29 作者二〇一五年十月一日，在華府訪問卡內基國際和平基金會副會長包道格（Douglas Paal）。包道格的消息來源是北京人士。

30 作者二〇一五年三月二十五日的訪問。

31 見 "India and Japan link up to counter China's 'expansionist' mind-set", *Wall Street Journal*, 2 September 2014, http://blogs.wsj.com/chinarealtime/2014/09/02/india-and-japan-link-up-tocounter-chinas-expansionist-mind-set/.

32 https://www.whitehouse.gov/the-press-office/2010/11/08/remarks-president-joint-session-indian-parliament-new-delhi-india.

33 見 "Text of PM's address to the Sri Lankan Parliament", 13 March 2015, http://www.pmindia.gov.in/en/news_updates/text-of-pmsaddress-to-the-sri-lankan-parliament/.

34 我當然是根據自身在印度各地旅行的經驗而這麼說的，我的意見也得到某國際大報南亞特派員的附合。

35 見"Full text: Report on the work of the government（2015）", 16 March 2015, http://english.gov.cn/archive/publications/2015/03/05/content_281475066179954.htm.

36 這是我二〇一五年三月採訪斯里蘭卡投資官員，所得到的數字。

37 見"China's Indian Ocean influence at risk in Sri Lanka election", *Bloomberg*, 6 January 2015, http://www.bloomberg.com/news/articles/2015-01-06/china-push-for-indian-ocean-influence-atrisk-as-sri-lanka-votes.

38 作者二〇一五年三月十三日的訪問。

39 作者二〇一五年三月十三日的訪問。

40 關於斯里蘭卡外債比例如此高的估計，見http://time.com/4077757/sri-lanka-china-financial-crisis-ravi-karunanayake-interview/. 但是我發現另有令人困惑的不同估計數字。有位著名的中國學者告訴我是百分之八十八，而另一位前任中央銀行官員則說是將近百分之六十。（http://www.sundaytimes.lk/160221/business-times/foreign-debtcommitments-trigger-macro-financial-risks-183602.html）. 採用斯里蘭卡中央銀行的數據，我估計在二〇一五年底，公開的外債占GDP比為百分之三十四。

41 作者二〇一五年三月十三日的訪問。

42 可倫坡海港城的開工典禮可在YouTube上看到，https://www.youtube.com/watch?v=RO79WgJMz_w.

43 見Kalinga Seneviratne, "Sri Lanka turning anew into a geopolitical battle ground—Analysis", *Eurasia Review*, 30 January 2016, http:// www.eurasiareview.com/30012016-sri-lanka-turning-anew-intoa-geopolitical-battle-ground-analysis/. 同年稍後，中國進出口銀行同意一筆金額較小的貸款：見"Cabinet approves fresh loan from China EXIM Bank", 9 June 2016, http://www.ft.lk/ article/546991/Cabinet-approves-fresh-loan-from-China-EXIM-Bank.

44 "Short of options, Sri Lanka turns back to Beijing's embrace", 10 February 2016, http://www.reuters.com/

article/us-sri-lanka-chinaidUSKCN0VJ2RX.

45 “China’s Sri Lanka project back on track”, *China Daily*, 26 March 2015, http://usa.chinadaily.com.cn/world/2015-03/26/content_19917566.htm.

46 作者二〇一五年三月十三日的訪問。

7 作者二〇一五年三月十四日的訪問。

第六章

1 見“Vietnamese woman dies in self-immolation protest against China”, Associated Press, 23 May 2014, https://www.theguardian.com/world/2014/may/23/vietnamese-woman-dies-self-immolation-protest-china, 以及“Vietnamese woman burns self to protest China: Official”, Thanh Nien News, 24 May 2014, http://www.thanhniennews.com/society/vietnamese-woman-burns-self-toprotest-china-official-26601.html.

2 參見“At least 21 dead in Vietnam anti-China protests over oil rig”, *The Guardian*, 15 May 2014, https://www.theguardian.com/world/2014/may/15/vietnam-anti-china-protests-oil-rig-dead-injured.

3 參見“China’s secret weapon on disputed island: Beer and badminton”, *Tea Leaf Nation*, 8 Match 2016, http://foreignpolicy.com/2016/03/08/china-woody-island-sansha-paracels-southchina-sea-dispute-secret-weapon-beer-badminton/.

4 “Pacom chief: China’s land reclamation has broad consequences”, DoD News, 24 July 2015, http://www.defense.gov/News-Article-View/Article/612689.

5 近年來有關南中國海的討論及著作汗牛充棟，但是截至目前為止，資訊最豐富的單一來源是華府智庫戰略暨國際研究中心的「亞洲海事透明計畫」（Asia Maritime Transparency Initiative）。它的網頁（https://amti.csis.org/）有最新新聞、深度論文、衛星照片、圖解和「各島近況追蹤」。

6 傅瑩對「防衛能力需求」的評論，見“US militarizing South China Sea: Spokesperson”, Xinhua, 4 March 2016, http://news.xinhuanet.com/english/2016-03/04/c_135155264.htm.

7 “US expects ‘very serious’ talks with China after missile reports”, Reuters, 17 February2016, http://uk.reuters.com/article/uk-southchinasea-china-missiles-idUKKCN0VP2V6.

8 參見“Philippine’s Aquino revives comparison between China and Nazi Germany”, Reuters, 3 June 2015, http://www.reuters.com/article/us-japan-philippines-idUSKBN0OJ0OY20150603.

9 Robert Kaplan, *Asia’s Cauldron: The South China Sea and the End of a Stable Pacific*, Random House, New York（2014）, p. 15.（譯注：《南中國海：下一世紀的亞洲是誰的？》，林添貴譯）

10 參見中國外交部此一聲明「擱置爭議、共同開發」：http://www.fmprc.gov.cn/mfa_eng/ziliao_665539/3602_665543/3604_665547/t18023.shtml.

11 見Bill Hayton, *South China Sea: The Struggle for Power in Asia*, Yale, London（2014）, p. 26. 我有關中國對南海提出主權聲索的歷史背景，相當依賴海頓這本書。（譯注：《南海：二十一世紀的亞洲火藥庫與中國稱霸的第一步？》，林添貴譯）

12 引自前揭書。

13 引自前揭書。

14 一九四七年這份地圖在美國國務院文件“China: Maritime claims in the South China Sea”中有複製件，這份文件是Limits in the Seas 叢書之一部分。見http://www.state.gov/documents/organization/234936.pdf.

15 伴隨地圖的信件遞交給聯合國祕書長潘基文（Ban Ki-Moon）。兩者都可從 http://www.un.org/depts/los/clcs_new/submissions_files/vnm37_09/chn_2009re_vnm.pdf 查到。

16 見 O. A. Westad, "Saying boo to bullyboy", *China Economic Quarterly*, June 2013.

17 "US takes a tougher tone with China", *Washington Post*, 30 July 2010, http://www.washingtonpost.com/wp-dyn/content/article/2010/07/29/AR2010072906416.html.

18 "China paper warns of 'sound of cannons' in sea dispute", Reuters, http://www.reuters.com/article/us-china-seas-id-USTRE79O1MV20111025.

19 "Leon Panetta: US to deploy 60% of navy fleet to Pacific", BBC News, 2 June 2012, http://www.bbc.co.uk/news/world-us-canada-18305750.

20 本案依據「聯合國海洋法公約」附件七提出，向海牙常設仲裁法院申告。全案可在 https://pcacases.com/web/view/7 上查閱。

21 見"Full text: Premier Li Keqiang gives joint written interview to media in ASEAN countries", Xinhua, 8 October 2013, http://news.xinhuanet.com/english/china/2013-10/08/c_125496903.htm.

22 參見"Fu Ying: Defence ability is not equivalent to militarization", Xinhua, 4 March 2016, http://news.xinhuanet.com/english/video/2016-03/04/c_135156002.htm.

23 "Contested areas of South China Sea likely have few conventional oil and gas resources", http://www.eia.gov/todayinenergy/detail.cfm?id=10651.

24 "Amid global price rout, China crude oil imports hit record", Reuters, 13 January 2016, http://www.reuters.com/article/us-china-economy-trade-crude-idUSKCN0UR0DU20160113.

25 參見 Kaplan, *Asia's Cauldron*, op cit. 美國在十九世紀初想要主宰加勒比海是「門羅主義」（Monroe

Doctrine）的主要元素，門羅總統想要阻止歐洲國家更進一步殖民統治美洲。卡普蘭指出，門羅並沒有想讓歐洲各國海軍完全退出加勒比海——這一點就和嚴肅的分析家不會相信中國會企圖封鎖整個南海航路一樣。

26 「攻勢現實主義」大師米爾斯海默認為，中國在結構上已注定要挑戰美國霸主地位，中、美之間無可避免會有一戰。這句話引自卡拉漢（Bill Callahan）拍攝的短片〈Mearsheimer vs Nye on the Rise of China〉中的訪談。見https://vimeo.com/131276478.

27 參見“Spotlight: Law-abusing tribunal issues ill-founded award on South China Sea arbitration, draws worldwide criticism”, Xinhua, 12 July 2016, http://news.xinhuanet.com/english/2016-07/13/c_135508301.htm.

28 常設仲裁法院裁定的新聞公告可在https://pcacases.com/web/sendAttach/1801中查閱。

29 “The Operation of the HYSY 981 Drilling Rig: Vietnam's Provocation and China's Position”, Ministry of Foreign Affairs, 8 June 2014, http://www.fmprc.gov.cn/mfa_eng/zxxx_662805/t1163264.shtml.

30 宣言載於：https://cil.nus.edu.sg/rp/pdf/2002%20Declaration%20on%20the%20Conduct%20of%20Parties%20in%20the%20South%20China%20Sea-pdf.pdf.

31 感謝布朗（David Brown）提醒這一點。

32 “Wang Yi outlines China's foreign policy vision”, *The Diplomat*, 11 March 2014, http://thediplomat.com/2014/03/wang-yi-outlines-chinas-foreign-policy-vision/.

33 參見“Salami slicing in the South China Sea”, *Foreign Policy*, 3 August 2012, http://foreignpolicy.com/2012/08/03/salami-slicing-in-the-south-china-sea/.

34 “Full text: China's peaceful development”, 6 September 2011, http://news.xinhuanet.com/english2010/

china/2011-09/06/c_131102329_2.htm.

35 見習近平二〇一三年十月二十五日，在黨討論區域外交的工作會議之演講詞〈讓命運共同體意識在周邊國家落地生根〉，http://www.fmprc.gov.cn/mfa_eng/wjb_663304/wjbz_663308/activities_663312/t1093870.shtml.

36 二〇一六年二月十六日，https://www.whitehouse.gov/the-press-office/2016/02/16/joint-statement-us-asean-special-leaders-summitsunnylands-declaration.

37 "China state paper warns of war over South China Sea unless US backs down", Reuters, 25 May 2015, http://in.reuters.com/article/southchinasea-china-usa-idINKBN0OA07N20150525.

38 "US Congress marks Taiwan Relations Act anniversary", *Taipei Times*, 14 April 2016, http://www.taipeitimes.com/News/taiwan/archives/2016/04/14/2003643940.

39 感謝我的同僚葛勢豪（Arthur Kroeber）提醒我，台灣問題在美國政治一直占據相當重要地位。

40 https://www.iiss.org/en/events/shangri%20la%20dialogue/archive/shangri-la-dialogue-2015-862b/opening-remarks-and-key-note-address-6729/keynote-address-a51f.

41 https://www.iiss.org/en/events/shangri%20la%20dialogue/archive/shangri-la-dialogue-2016-4a4b/plenary1-ab09/carter-1610.

42 國防部長卡特在阿里桑納州立大學的演講："Remarks on the next phase of the US rebalance to the Asia-Pacific", 6 April 2015, http://www.defense.gov/News/Speeches/Speech-View/Article/606660/remarks-on-the-next-phase-of-the-us-rebalance-to-the-asia-pacific-mccain-instit.

43 "The battle over President Obama's trade deal has officially arrived", *Washington Post*, 5 November 2015, https://www.washingtonpost.com/politics/obama-administration-prepares-to-launch-long-fightover-trade-

pact/2015/11/05/8299ad32-8326-11e5-8ba6-cec48b-74b2a7_story.html.

44 中國戰略白皮書全文可在http://www.chinadaily.com.cn/china/2015-05/26/content_20820628.htm查閱到。

45 本章部分原先出現在Miller, "For Beijing, it's goodnight Vietnam", Gavekal Dragonomics, 17 July 2015.

46 越南國立歷史博物館網址：http://baotanglich.vn/ subportal/en/Home/mid/29453A92/.

47 Hayton, South China Sea: The Struggle for Power in Asia, op cit.

48 作者二〇一五年五月二十五日的訪問。我和一位與上層關係良好的企業界人士交談，他不希望透露身分。

49 見"Global ratings for China", http://www.pewglobal.org/2015/06/23/2-views-of-china-and-the-global-balance-of-power/.

50 參見"What Vietnam must do now", *New York Times*, 6 April 2015, http://www.nytimes.com/2015/04/07/opinion/what-vietnam-must-now-do.html?_r=1, 以及"Vietnam's angry feet", 6 June 2013, http://www.nytimes.com/2013/06/07/opinion/vietnams-angry-feet.html.

51 引自Thomas Fuller, "In hard times, open dissent and repression rise in Vietnam", *New York Times*, 23 April 2013, http://www.nytimes.com/2013/04/24/world/asia/vietnam-clings-to-single-party-rule-as-dissent-rises-sharply.html.

52 作者二〇一五年五月二十六日的訪問。

53 作者二〇一六年五月二十五日在胡志明市，於社會科學及人文大學（University of Social Sciences and Humanities）訪問國際研究中心主任張明武博士（Dr. Truong-Minh Vu）。

54 引自Tuong Lai, "Vietnam's overdue alliance with America", *New York Times*, 11 July 2014, http://www.

nytimes.com/2014/07/13/opinion/sunday/vietnams-overdue-alliance-with-america.html.

55 "Xi Jinping delivers important speech at National Assembly of Viet Nam, stressing to bear big picture in mind and join efforts to open up new situation of China-Viet Nam comprehensive strategic partnership of cooperation", 6 November 2015, http://www.fmprc.gov.cn/mfa_eng/topics_665678/xjpdynxjpjxgsfw/t1313676.shtml.

56 "China's assertiveness pushes Vietnam toward an old foe, the United States", *Washington Post*, 28 December 2015, https://www.washingtonpost.com/world/asia_pacific/chinas-assertiveness-pushes-vietnam-toward-an-old-foe-the-united-states/2015/12/28/15392522-97aa-11e5-b499-76cbec161973_story.html.

57 見World Bank's WITS database, http://wits.worldbank.org/CountrySnapshot/en/VNM.

58 見World Bank, "Vietnam: Country at a glance", http://www.worldbank.org/en/country/vietnam, 以及provincial data from China's National Bureau of Statistics, http://data.stats.gov.cn/ english/easyquery.htm?cn=E0103.

59 胡志明市《青年日報》(*Tuoi Tre News*)一位記者告訴我百分之十至十五這個數字，但是我找不到相關的報導。

60 Vietnam Ministry of Finance, Statistics, http://www.mof.gov.vn/webcenter/portal/mof?_afrLoop=36369253348466610# !%40%40%3F_afrLoop%3D36369253348466610%26_adf.ctrl-state%3Du8frqtd8h_126.

61 "Xi Jinping delivers important speech at National Assembly of Viet Nam", op cit.

62 Infrastructure for a Seamless Asia, http://adb.org/sites/default/files/pub/2009/2009.08.31.book.

infrastructure.seamless.asia.pdf.

63 參見"China and Vietnam", http://www.fmprc.gov.cn/mfa_eng/wjb_663304/zzjg_663340/yzs_663350/gjlb_663354/2792_663578/.

64 在我訪問之後，問題更加惡化。參見"Chinese-contracted railway project in Hanoi suffers 57% cost overrun", Tuoi Tre News, 27 October 2015, http://tuoitrenews.vn/business/31225/chinesecontracted-railway-project-in-hanoi-suffers-57-cost-overrun.

65 各城市人口數據取自Demographia's "World Urban Areas: 12th Annual Edition（April 2016）", http://www.demographia.com/db-worldua.pdf. 我在寫作另一本書*China's Urban Billion*的過程中，發現Demographia可謂最好、最可靠的都市人口統計的資料來源。

66 見http://www.fdiintelligence.com/Utility-Nav/Highlights-Bar/The-fDi-Report-2016.

67 "The biggest winner from TPP trade deal may be Vietnam", *Bloomberg*, 8 October 2015, http://www.bloomberg.com/news/articles/2015-10-08/more-shoes-and-shrimp-less-china-reliance-for-vietnam-in-tpp.

68 "What Vietnam must do now", op cit.

69 "America's global image", 23 June 2015, http://www.pewglobal. org/2015/06/23/1-americas-global-image/.

70 "Global ratings for China", op cit.

71 "Don't start a fire in Asia, China warns Obama after Vietnam arms embargo lifted", *Washington Post*, 24 May 2016, https://www.washingtonpost.com/world/dont-start-a-fire-in-asia-china-warns-obama-after-vietnam-arms-deal/2016/05/24/3d5a098f-f0d3-4754-aab0-021f98bbe46b_story.html.

72 歐巴馬總統在河內全國會議中心的演講可在https://www.whitehouse.gov/the-press-office/2016/05/24/

remarks-president-obama-address-people-vietnam 上查閱。

73 作者二〇一五年五月二十五日的訪問。

74 “Testimony before the US-China Economic and Security Review Commission: China–Vietnam relations”, http://origin.www.uscc.gov/sites/default/files/transcripts/May%2013%2C%202015%20Hearing%20Transcript.pdf.

75 北京二〇一六年底對菲律賓和馬來西亞取得外交勝利。十月份，杜特蒂總統訪問北京後回國，因為宣布菲律賓將和美國「分手」，帶回價值二百四十億美元的投資和貿易承諾。十一月初，馬來西亞總理納吉（Najib Razak）跟進，宣布他是中國「真正的老友」，取得價值三百四十億美元的承諾。然而，這幾筆交易的重要性不宜過分誇大。杜特蒂和納吉是反覆無常的領導人，或許位置坐不穩就會下台，東南亞一般民意仍傾向美國、並對中國保持戒心。

76 作者二〇一五年五月二十五日的訪問。

結語

1 佐立克二〇〇五年在美中關係全國委員會（National Committee on US–China Relations）的會議中，首度公開促請中國成為「負責任的利害關係人」（responsible stakeholder）。他的演講可以在 http://www.ncuscr.org/sites/default/files/migration/Zoellick_remarks_notes06_winter_spring.pdf 上查到。

2 參見“Security law suggests a broadening of China’s ‘core interests’, *New York Times*, 2 July 2015, http://www.nytimes.com/2015/07/03/world/asia/security-law-suggests-a-broadening-of-chinas-core-interests.html. 非官方的翻譯可在 http://chinalawtranslate.com/2015nsl/?lang=en 上查閱。

3 "Global Ratings for China", http://www.pewglobal.org/2015/06/23/2-views-of-china-and-the-global-balance-of-power/.

4 關於中國日益介入國外事務的分析，見Jonas Parello- Plesner and Mathieu Duchâtel, *China's Strong Arm: Protecting Citizens and Assets Abroad, International Institute for Strategic Studies*, Routledge, Abingdon（2015）.

5 "China's growing role in South Asia", talk to Young China Watchers club in Beijing, 19 March 2015.

6 這項政策由即將下台的國家主席胡錦濤，在他的最後一次黨代表大會工作報告中宣布。見 http://news.xinhuanet.com/english/special/18cpcnc/2012-11/17/c_131981259.htm.

7 "In Mekong, Chinese murders and bloody diplomacy", Reuters, 27 January 2012, http://www.reuters.com/article/us-special-report-mekong-idUSTRE80Q00G20120127, 以及"China parades foreign Mekong killers before execution", BBC News, 1 March 2013, http://www.bbc.co.uk/news/world-asia-china-21625905.

8 Parello-Plesner and Duchâtel, *China's Strong Arm*, op cit.

9 英國傳統上稱為「印度兵變」（Indian Mutiny），但是在印度，通稱「第一次獨立戰爭」（First War of Independence）、「大叛亂」（the Great Rebellion）或「一八五七年起義」（the Uprising of 1857）。

10 這幅卡通畫可在http://bigthink.com/strange-maps/561-kaiser-eats-world中查閱。

11 對於這些論述，奈伊（Jospeh Nye）有一篇評論："China is not imperial Germany", RealClear World, 27 February 2013, http://www.realclearworld. com/articles/2013/02/27/china_is_not_imperial_germany_100580.html.

12 關於習近平演講全文，見http://www.fmprc.gov.cn/mfa_eng/topics_665678/jnkzsl70zn/t1293415.shtml.

13 見David Cohen, "'A peaceful, friendly and civilized lion': Xi explains China's rise in Europe", 9 April

2014, China Brief, Volume 14, Issue 7, Jamestown Foundation, http://www.jamestown.org/single/?tx_ttnews%5Btt_news%5D=42206&no_cache=1#.V5jMBriAOko，以及"Xi Jinping is awakening China", 19 August 2014, http://www.fmprc.gov.cn/ce/cenp/eng/News/t1183900.htm.

14 習近平在「第四屆亞洲互動及信心建立措施國際峰會」（CICA）發表演說。他的演講稿"New Asian security concept for new progress in security cooperation"全文，可在http://www.fmprc.gov.cn/mfa_eng/zxxx_662805/t1159951.shtml查閱。

15 作者二〇一五年十月一日一項不作紀錄的訪談。

16 這個觀點最具影響力的一篇論文是Robert Blackwill and Ashley Tellis, Revising US Grand Strategy Toward China, Council on Foreign Relations, Special Report No 72, March 2015, http://carnegieendowment.org/files/Tellis_Blackwill.pdf.

中國的亞洲夢：一帶一路全面解讀，對台灣、全球將帶來什麼威脅和挑戰

作　者—唐米樂（Tom Miller）
譯　者—林添貴
編　輯—張啟淵
封面設計—兒日
企　劃—張燕宜
總 編 輯—余宜芳
發 行 人—趙政岷
出 版 者—時報文化出版企業股份有限公司
一〇八〇三台北市和平西路三段二四〇號三樓
發行專線—（〇二）二三〇六—六八四二
讀者服務專線—〇八〇〇—二三一—七〇五
（〇二）二三〇四—七一〇三
讀者服務傳真—（〇二）二三〇四—六八五八
郵撥—一九三四四七二四時報文化出版公司
信箱—台北郵政七九～九九信箱
時報悅讀網—http://www.readingtimes.com.tw
時報出版愛讀者—http://www.facebook.com/readingtimes.fans
法律顧問—理律法律事務所　陳長文律師、李念祖律師
印刷—盈昌印刷有限公司
初版一刷—二〇一七年十二月二十二日
初版五刷—二〇一九年六月十七日
定價—新台幣三六〇元
（缺頁或破損的書，請寄回更換）

時報文化出版公司成立於一九七五年，
一九九九年股票上櫃公開發行，二〇〇八年脫離中時集團非屬旺中，
以「尊重智慧與創意的文化事業」為信念。

中國的亞洲夢：一帶一路全面解讀，對台灣、全球將帶來什麼威脅和挑戰 / 唐米樂(Tom Miller)著；林添貴譯. -- 初版. -- 臺北市：時報文化, 2017.12
面；　公分. -- (歷史與現場；251)

譯自：China's Asian Dream

ISBN 978-957-13-7231-0(平裝)

1.經濟發展　2.經濟計畫　3.中國

552.2　　106021317

CHINA'S ASIAN DREAM: EMPIRE BUILDING ALONG THE NEW SILK ROAD by Tom Miller

ISBN 978-957-13-7231-0
Printed in Taiwan